C000001362

1 MONTH OF
FREE
READING

at

www.ForgottenBooks.com

By purchasing this book you are eligible for one month membership to ForgottenBooks.com, giving you unlimited access to our entire collection of over 1,000,000 titles via our web site and mobile apps.

To claim your free month visit:

www.forgottenbooks.com/free358374

* Offer is valid for 45 days from date of purchase. Terms and conditions apply.

ISBN 978-0-666-77778-2
PIBN 10358374

This book is a reproduction of an important historical work. Forgotten Books uses state-of-the-art technology to digitally reconstruct the work, preserving the original format whilst repairing imperfections present in the aged copy. In rare cases, an imperfection in the original, such as a blemish or missing page, may be replicated in our edition. We do, however, repair the vast majority of imperfections successfully; any imperfections that remain are intentionally left to preserve the state of such historical works.

Forgotten Books is a registered trademark of FB &c Ltd.
Copyright © 2018 FB &c Ltd.
FB &c Ltd, Dalton House, 60 Windsor Avenue, London, SW19 2RR.
Company number 08720141. Registered in England and Wales.

For support please visit www.forgottenbooks.com

Der grosse

Distanz-Ritt

Berl n Wien

im Jahre 1892.

Nach den zuverlässigsten amtlichen Quellen und den persönlichen Aufzeich-
nungen der einzelnen Theilnehmer, sowie der über denselben erschienenen
Veröffentlichungen

von

E. von Naundorff.

Mit vielen Illustrationen

nach Originalzeichnungen von

Georg Koch, M. Ledeli, C. Becker, E. Köberle
u. A.

Verlag

von

J. Paul Lis

in

Breslau.

Kunstdruckerei UNION Dresden-A.

Vorwort.

Als zu Anfang des Jahres 1892 die Nachricht die Blätter durchlief, dass sich zwischen den Offizieren der deutschen und der österreichischen Armee ein Distanzritt vorbereite, der an Grösse und Bedeutung alle ähnlichen Veranstaltungen, wie sie die Geschichte der Reitkunst aufwiese, übertreffen werde, da glaubte man überhaupt noch nicht an die Möglichkeit der Durchführung eines so grossartig angelegten Planes.

Je mehr aber die gestellten Propositionen durch gegenseitige Berathungen greifbare Gestalt annahmen und das Wagniss als doch durchführbar erscheinen liessen, desto rascher verschwanden die Bedenken und Befürchtungen, die man gegen das Unternehmen ins Treffen geführt und schliesslich stand man vor der vollendeten Thatsache, an der kein Zweifel mehr sein konnte.

Während vorher die Gegner des Unternehmens es abgeleugnet hatten, dass das Unternehmen ein ganz hervorragendes kavalleristisches Interesse bieten würde und dass auch das rein militärische Interesse in dasselbe mit hereinspiele, wurden sie nunmehr plötzlich anderen Sinnes, um so mehr, als die Sportblätter, die militärischen Fachblätter und die bedeutendere Tagespresse für die strikte Durchführung des Geplanten eintraten.

Als schliesslich die endgiltigen Propositionen erschienen und die ausserordentlichsten Anforderungen an den Reiter und an das Pferd stellten, da durchzuckte es die Kreise der Offiziere, die ihre Muskeln und Kräfte in hartem Training gestählt, oder sie in kleineren Parforcedauerritten u. dergl. bereits erprobt hatten. Jeder von ihnen hielt es jetzt für eine Ehrenpflicht, den Kampf auf diese Weise aufzunehmen und Alles daran zu setzen, den 600 Kilometer langen Weg in grösster Schnelligkeit mit demselben Pferde ohne Ruhetag zurückzulegen. Mochte auch auf der einen Seite die Aussicht auf einen eventuellen materiellen Erfolg nicht ohne Einfluss auf die Entscheidung des Einzelnen bleiben, so überwog doch schliesslich der Ehrenpunkt alle anderen Erwägungen.

Und man nahm auf beiden Seiten den Kampf auf.

Das waren nicht Neulinge, die in den Sattel stiegen und welche sich erst die Sporen verdienen wollten, sondern das waren ernste Männer, die recht wohl wussten, welcher Riesenaufgabe sie gegenüber standen und die erst mit sich zu Rathe gehen mussten, ob sie selbst oder ihr Thier den Anforderungen zu genügen vermöchten, die ihnen der Ritt stellte.

Da weiter die Propositionen besagten, das dem eigenen Heere der Vorrang vor dem fremden zu sichern sei, so kam auch dieser Zielpunkt mit in Frage.

Die Fahne senkte sich am Start, und der ernste Wettkampf begann. Mit minutiöser Genauigkeit verfolgte man die Wege

der einzelnen Reiter, mit gleicher Sorgfalt wurden die Beobacht-
ungen der Reiter unterwegs ausgeführt, die Zielrichter thaten ihre
Schuldigkeit und bald blitzte der Telegraph die überraschende
Nachricht in die Welt, welche staunenswerthen Leistungen die
Dauerreiter Deutschland's und Oesterreich's ausgeführt.

Das Ergebniss verblüffte; es war fast undenkbar, was ein
Graf Starhemberg, was ein Freiherr v. Reitzenstein vollbracht haben
sollte! Und doch war Alles die strengste Wahrheit. Wohl mögen
die Ahnen und Urahnen dieser Sprösslinge alter Adelsgeschlechter
auf Fest- und Ernstturnieren beim Einlegen der Lanzen fest im
Sattel gesessen haben — was waren aber diese Leistungen gegen
die ihrer Nachkommen? Innerhalb einiger 70 Stunden hatten beide
den Dauerritt zwischen den beiden Kaiserstädten an der Donau
und an der Spree zurückgelegt.

Sowohl innerhalb der betheiligten Kreise, wie auch Derjenigen,
welche in dem Unternehmen von vorn herein einen Beweis von
Willensstärke, Thatkraft und körperlicher Ausdauer sahen und das
Geleistete als eine noch nie dagewesene Leistung von Mensch und
Pferd betrachteten, war seit längerer Zeit schon der Wunsch rege,
ein Werk zu besitzen, welches die Geschichte des Distanzrittes
und seine Einzelheiten in Wort und Bild festhielte. Wohl ist ein
Werk über den Distanzritt erschienen, das den Titel führt „Distanzritt
Wien-Berlin im Oktober 1892. Wien. Verlag der Buchhandlung
für Sport von Friedrich Beck, allein dasselbe hält sich nur an die
nackten Thatsachen der Propositionen, die strengen Beobachtungen
und die Ergebnisse des Distanzrittes und giebt schliesslich ein für
den Fachmann hochbedeutsames statistisches Tabellenmaterial.

Das vorliegende Werk konnte, wie das selbstverständlich ist,
nur auf Grundlage direkter Aufzeichnung der betheiligten Reiter, der

in den Sportzeitungen niedergelegten Ergebnisse und Anschauungen, sowie der betreffenden Artikel in den grösseren und angeseheneren politischen Zeitungen Deutschland's und Oesterreich's gearbeitet werden. Die Schwierigkeit lag nur darin, das überall verstreute Material zusammenzubringen, zu sichten und demselben eine Form zu geben, welche dem Leser die einzelnen Momente des grossen Distanzrittes in anschaulicher Weise vor die Augen führt und Alles bei Seite lässt.

Hoffentlich ist dies dem Herausgeber gelungen; das Urtheil muss er dem Leser und der Kritik überlassen.

Dresden, im Sommer 1893.

Der Herausgeber.

I.

Distanz-Ritte

in alter und neuer Zeit.

Reiterleistungen im Alterthum. — Der gefahrvolle Nachtritt des Grafen v. Finckenstein. — Das Interesse für Distanzritte nach dem 70er Kriege. — Reiterbravouren und Husarenstücklein. — Der Husarenritt Zubovits. — Distanzritte in Indien. — Burnaleys Ritt nach Khiwa. — Sultansritte. — Der Parforce-ritt von Agra nach Jodpuc. — Gewaltritt Karls XII. von Schweden. — Der Zug des Feldmarschallleutnants Hadik im Oktober 1757.

Ankunft und Empfang des ersten österreichischen Reiters am Ziel auf dem Tempelhofer Felde bei Berlin am Morgen des 4. Oktober.

Sowohl in Liedern, Märchen und Sagendichtungen unseres germanischen Stammes, wie auch der geschichtlichen Völker des Alterthums werden uns Mittheilungen von Dauerritten und fast unglaublichen Reiterleistungen gemacht, die von uns Epigonen nur zu oft in das Gebiet der Fabel verwiesen wurden. Vergleicht man aber dieselben mit den Leistungen der deutschen und österreichischen Offiziere, wie solche in dem Distanzritt Berlin-Wien zu Tage traten, so ist man gezwungen, nicht nur an die Wahrheit jener fast unfassbaren Schilderungen zu glauben, sondern man fühlt, dass die Leistungen unserer Reiter getrost neben die Dauerritte und Reiterleistungen des Alterthums gestellt werden können, wenn diese auch ganz andere Ziele verfolgten.

In der Neuzeit, besonders im siebenjährigen Kriege, sowie in den Befreiungskriegen sind vielfach grossartige Reiterleistungen zu verzeichnen gewesen und auch die neueste Zeit ist nicht arm an derartigen Episoden.

Wir erinnern nur an den gefährlichen Nachtritt, den der Flügeladjutant des Königs Wilhelm im Jahre 1866 ausführte, als es galt, in stockfinsterer, regnerischer Nacht dem Kronprinzen von

Preussen die Botschaft zu überbringen, dass am Morgen des 3. Juli auf allen Seiten gegen das österreichische Heer vorgegangen würde und er seinen Marsch auf Königgrätz zu so viel als möglich beschleunigen möge.

Von diesem Ritt hing unter Umständen der Erfolg des Tages ab. Graf v. Finckenstein unterzog sich seiner Aufgabe in schneidigster Weise, denn nach 8 stündigem Ritt konnte er sich seines Befehles entledigen und der Kronprinz zur rechten Zeit anrücken und entscheidend in die Schlacht von Sadowa eingreifen.

Die Leistung des Grafen v. Finckenstein war ein Dauer- und Distanzritt im Kleinen gewesen.

Nach dem letzten deutsch-französischen Kriege begann man sich in militärischen wie in Sportkreisen für die in grösserem Maassstabe angelegten Distanzritte zu interessiren. Die in den früheren Kriegen nirgends zur Anwendung gelangte Einrichtung der Offizierspatrouillen, die im erwähnten Feldzuge auf dem Gebiete des Aufklärungs-, Rekognoszirungs- und Benachrichtigungsdienstes der deutschen Heeresleitung so ausserordentliche Dienste leistete, und die Erfahrungen, die man hieraus zog, stellten die immense Wichtigkeit der unter gewissen Verhältnissen sehr erspriesslichen grösseren militärischen Distanzritte ins rechte Licht.

Es handelte sich dabei nämlich um das Zurücklegen von anscheinend nicht zu bewältigenden Distanzen in verhältnissmässig kurzer Zeit auf einem und demselben Pferde, um das plötzliche Erscheinen, um zielbewusstes Vordringen in die feindlichen Operationslinien das schnelle Rekognosziren sozusagen aus unmittelbarer Nähe, an Punkten, wo dies der Feind garnicht vermuthet, und um das ebenso rasche Verschwinden und Benachrichtigen der eigenen Heeresleitung.

Von 1870/71 datirt der rasche Aufschwung des genannten Zweiges des Pferdesports, dessen Hauptgrundlage in dem bedeutenden Training der zu so gewaltigen Leistungen verwendbaren Pferde edlerer Race und des Reiters selbst besteht. Die sogenannten „Reiterbravouren" und andere „Husarenstücklein", wie sie ehedem durch tollkühne Wagehälse im Sattel häufig zum Besten gegeben wurden und auch heute noch vereinzelt vorkommen, bei welchen die persönliche Kühnheit, Geschicklichkeit und Todesverachtung, sowie der im Falle des Gelingens erreichte Eklat das Resultat des ganzen Unternehmens bilden, ohne den geringsten praktischen Nutzen zu bieten, gehören natürlich nicht in die Kategorie der Distanzritte und verhalten sich zu diesen gerade so, wie die muskelstählenden und den Körper entwickelnden Turnübungen zu den unnützen halsbrecherischen Vorstellungen wandernder Akrobaten und Kautschukmänner.

Der Ritt des ungarischen Landwehr-Husarenoffiziers F e d o r v. Z u b o v i t s im Jahre 1874 von Wien nach Paris war einer der ersten, ernsthaft zu nehmenden Durchführungen auf dem Gebiete der praktische Zwecke anstrebenden, gross angelegten Distanzritte. Zubovits verliess, wie Georg v. Marziani im „Wiener Fremdenblatt erzählt, Wien am 25. Oktober 1874 10 Uhr Vormittags auf seinem Pferde „Caradoc" und legte die ersten 23 Meilen in Uniform zurück.

In Ems ritten ihm die dort garnisonirenden Dragoneroffiziere und zahlreiche Damen entgegen. Hier widerfuhr ihm der erste Unfall, der um ein Haar den ganzen Plan vereitelt hätte. „Caradoc" trat auf der Emsbrücke in einen spitzen Knochen, der ihm durch den Huf bis an das Fleisch drang. Die Offiziere waren der Ansicht, dass Zubovits auf diesem Pferde kaum bis Strassburg gelangen werde. Der Oberthierarzt schnitt den Huf aus, Zubovits reinigte die Wunde, hüllte den Huf in einen Eisenschuh und kam so bis Eferding, wo er, da das Pferd hinkte, den Huf mit einer Lederumhüllung versah. Doch in Vitch hinkte „Caradoc" so arg, dass Zubovits die in Eiter übergegangene Wunde operiren lassen musste. Den ledernen Hufschuh behielt das Pferd bis Paris am leidenden Fusse.

Nun ging es weiter, dem Schwarzwalde zu, wo ihn ein so dichter Schneefall ereilte, dass er in einem abgelegenen Jägerhause Zuflucht suchen musste, und von dort zwar neu gestärkt, aber verspätet, aufbrach. Endlich sah er den Strassburger Münster vor sich, und bald darauf zog er, von den deutschen Offizieren begrüsst, in die Stadt.

In Frankreich hatte er viel Ungemach zu bestehen. Man hielt den ungarischen Reiter überall für einen preussischen Spion und dem „Prussien" wollte Niemand Nachtlager geben. Die Landbewohner, die in ihrer Meinung noch dadurch bestärkt wurden, dass Zubovits zu seiner Orientirung eine Landkarte bei sich hatte, zeigten meist eine so drohende Haltung, dass Zubovits oft zum Revolver greifen musste, um sich freie Bahn zu schaffen.

In Corneux frühstückte er im Wirthshause mit der Pistole in der Hand. Hier wollte ihn der Wirth selbst angreifen. Er näherte sich von rückwärts dem hungrigen Offizier und schrie ihn an, er möge sich zum Teufel scheren, einem Prussien gebe er nichts zu essen, höchstens — Gift! Zubovits antwortete ruhig, er werde den erhaltenen Rath befolgen sobald er gegessen habe, und dabei argumentirte er so lebhaft mit dem Revolver, bis der Wirth klein beigab.

In Dieuze hielt man den zu später Nachtzeit mit der Pistole in der Hand in den Ort einziehenden fremden Reitersmann für einen Räuberhauptmann und schloss, als Zubovits sein Pferd in den Stall eingestellt und sich neben dem treuen „Caradoc" auf die Streu gelegt hatte, die Stallthüre zu. Er musste, um sich frei zu machen, die Thüre aufsprengen. Alles wich entsetzt zurück und man liess ihn ohne Entrichtung des Stallgeldes weiter ziehen.

Bald darauf traf ihn ein neuer Unfall. Ein grosser bretagnischer Hengst schlug sein Pferd so heftig, dass es von da ab auf zwei Füssen hinkte. Da Zubovits schon von Ems aus infolge des Fehltritts seines Pferdes das Programm ändern, nämlich langsamer reiten musste, so kürzte er die vereinbarte Rastzeit von täglich zwölf Stunden auf acht Stunden ab, um das Versäumte einzubringen.

Er schlief während acht Tagen bloss ein Mal, und da auch bloss drei Stunden. Er lag stets neben seinem Pferde und wagte aus Besorgniss für „Caradoc" nicht die Augen zu schliessen. Das Thier litt schwer.

Zubovits gestattete nicht, dass es sich niederlege, weil er fürchtete, dass es dann nicht mehr werde aufstehen können. In Folge der ausserordentlichen Anstrengungen wollte „Caradoc" keine Nahrung mehr zu sich nehmen, so dass sein Herr ihm Haferkonserven einflössen musste.

Während des ganzen Rittes hatte er dem Thiere meistens gelbe Rüben als Futter verabreicht.

Endlich langte Zubovits in Paris auf der Place du Trône an und wurde enthusiastisch empfangen. Er hatte den Weg in der festgesetzten Zeit, 156 d e u t s c h e M e i l e n in 14 T a g e n, z u r ü c k - g e l e g t.

Indien war von jeher ein Sportland comme il faut. Es war es schon unter den Grossmogulen und ist es auch unter der englischen Herrschaft geblieben.

Die indischen „Rekords" würden in einem Werke über die Geschichte der Parforce- und Distanzritte gewiss nicht die letzten sein. Auch in neuester Zeit war es wiederholt der Schauplatz Weltaufsehen erregender, gewaltiger Distanzritte. Einer der interessantesten war der Ritt des Obersten Burnaley nach Khiwa. Sultan Babar machte seiner Zeit auch in Friedenszeiten täglich Jagd- oder Spazierritte von 50 bis 60 Kilometer; einst ritt er, trotzdem er leidend war, auf der Reise von Capri nach Agra in zwei Tagen 260 Kilometer, zweimal den Ganges durchschwimmend. Sultan Akbar machte Uebungsritte von Agra nach Ajimir, wobei er 356 Kilometer in zwei Tagen zurücklegte.

Die schönste Sportleistung dieses ritterlichen Fürsten war der Parforceritt von Agra nach Jodpuc (530 Kilometer), um die Schwiegertochter des Raja, die ihrem Gatten auf dem Scheiterhaufen in den Tod folgen sollte, vom Feuertode zu retten. Die Reiterei der Rohillas, der Rindaries und Mahrattas machte auf ihren unansehnlichen, aber zähen Pferden oft derartige Gewaltritte, die unter den ähnlichen Leistungen der Reitertruppen der europäischen Armeen sicherlich nicht ihresgleichen finden dürften.

Ein gewaltiger Distanzritt, wenn auch unter anderen Verhältnissen, und anders ausgeführt als unsere modernen Leistungen dieser Art war der historisch berühmte Ritt Karls XII. von Schweden nach seiner Internirung in Bender, von Demolika in der Türkei in 16 Tagen über Ungarn, Oesterreich, Bayern, die Pfalz, Westfalen, Mecklenburg, nach Stralsund (Oktober 1716) in Verkleidung nur von seinem Adjutanten Oberst v. Düring begleitet.

Der Gewaltritt fand grossentheils auf täglich gewechselten Pferden statt. Der König ritt gewöhnlich sein Pferd zu Schanden, bis es unter ihm zusammenbrach, um sich dann auf ein frisches zu schwingen. Doch sehr oft war dies nicht möglich; er musste rasten und dann Tage lang auf demselben Thiere die fluchtähnliche Reise fortsetzen.

Ueber den Ritt durch Südungarn schreibt v. Düring in seinem Tagebuche, dass sie mehrmals sich den auf den Pussten weidenden Pferdeheerden näherten, zwei starke Thiere aussuchten, dem Csikos einige Goldstücke hinwarfen, und dann, oft mit Gewalt, sich auf die requirirten Rosse schwangen und davonjagten, die zu Schanden gerittenen Thiere zurücklassend.

In der Nähe von Szegedin verfolgten den König und seinen Gefährten, vier berittene Wegelagerer, von welchen damals, kurz nach Beendigung der Racocy'schen Kriege, ganz Ungarn wimmelte. Sie waren den zwei Reitern hart am Fusse.

„Die Verfolgung hatte schon den ganzen Tag gewährt" — schreibt Düring — „als sich der König plötzlich im Sattel umwendete und einen der Angreifer niederschiessend, seinen Rock öffnete, worauf die Missethäter, den auf der Brust des Königs blinkenden Ordensstern erblickend, unter wilden Fluchen Reissaus nahmen."

Der Zug des Feldmarschall-Lieutenants Hadik im Oktober 1757 von Elsterwerda nach Berlin ist in gewissem

Sinne auch als militärischer Distanzritt zu bezeichnen, obwohl Hadik auch Infanterie bei sich hatte, die das schnelle Vorwärtsdringen sehr hinderte. Trotzdem legte Hadik mit seinen Husaren und den Savoyen-Dragonern diese Strecke in sechs Tagen zurück, und zwar über Dobrilugk, Luckar, Buchholtz und Königswusterhausen. Er war am 11. Oktober von Elsterwerda aufgebrochen und langte am 16. vor Berlin an. Seine Pferde waren in bester Kondition; er verlor im Ganzen — auch den ebenfalls sechs Tage während Rückmarsch eingerechnet — sieben Pferde, die der Ueberanstrengung erlegen waren.

Heute sind es friedliche Distanzritte, welche vorläufig die österreischisch-ungarischen und deutschen Reiteroffiziere vollführten.

Dem gegebenen Beispiel werden bald andere folgen und zwar unter Benutzung all' der Erfahrungen, die man bei dem Distanzritte nach den verschiedensten Richtungen hin machte. Verschiedenfach schon wurden bei anderen Völkern Versuche gemacht, dem öster-reichisch-deutschen Vorbilde zu folgen und Aehnliches ins Werk zu setzen, allein ein ebenbürtiger Distanzritt kam noch nicht zu Stande.

Begegnung zweier Distanzreiter.

Originalzeichnung von C. Becker.

II.

Die Propositionen für den Distanzritt

und die

Vorbereitungen zu demselben.

Das Auftauchen der ersten Nachricht von dem beabsichtigten Distanzritt. — Erste Vorschläge. — Konditionspreise. — Betonung der nationalen Seite des Rittes. — Rennen oder Distanzritt? — Der amtliche Wortlaut der Propositionen. — Die Nennungen im Allgemeinen. — Vorbereitungen. — Unterschied zwischen den bisherigen Distanzritten und dem geplanten. — Die Zahl der deutschen und österreichischen Reiter. — Deutsches Kavalleriepferd und Halbblut. — Behördliche Anordnungen. — Abritt. — Der Sieger. — Schwierigkeiten des Distanzrittes.

Mit Blitzesschnelligkeit durchlief im Frühjahr 1892 eine Nachricht die Offizierskorps der deutschen Armee sowohl, wie auch die des Oesterreichisch-Ungarischen Reichsheeres und erregte in denselben überall das grösste Aufsehen. Von deutscher Seite war den österreichischen Kameraden vorgeschlagen worden, gemeinsam einen grossen Distanzritt, wie ein solcher in der Geschichte der Reitkunst noch nicht vorgekommen war, auszuführen.

Nach dem Wortlaut des ersten Schriftstückes bestand die Absicht der deutschen Offiziere darin, einen Ritt von Berlin über Breslau nach Wien und auf derselben Route zurück zu unternehmen.

Diesem Vorschlag lag die Idee zu Grunde, dass auf eine so grosse Entfernung hin der Reiter nur eine Chance des Gewinnes haben könne, sich und sein Pferd auf der Höhe der Leistungsfähigkeit zu erhalten. In Wien stiess dieser Gedanke zunächst auf Widerspruch und wurde schliesslich mit der Begründung abgelehnt, dass die vorgeschlagene Länge des Weges eine viel zu grosse sei und dass die nationale Seite, die man dem Unternehmen ganz mit Recht beizulegen gesonnen sei, in viel höherem Grade zum Ausdruck kommen würde, wenn man von den beiden Zielen abreite und sich gegenseitig in denselben empfange und begrüsse.

Gleichzeitig wurde die Frage auf das Lebhafteste erörtert, ob man die beste Kondition des Pferdes oder die kürzeste Ueberwindung der Entfernung als das zu erstrebende Ziel des Distanzrittes bezeichnen solle.

Weiter führten die österreichischen Reiter aus, dass man, wenn an den Endpunkten Berlin-Wien festgehalten werden solle, eine allgemeine Konkurrenz auf Kondition für ausgeschlossen erachten müsse, weil man dann alle Pferde, sowohl die deutschen, wie die österreichischen an einem Punkte versammeln müsse.

Auch würde man bei dem Festhalten an einem Konditionsreiter auf eine rege Betheiligung in Offizierskreisen nicht gut rechnen können, denn welcher Kavallerist würde sich wohl gern an eine derartige Leistung heranwagen, deren Entscheidung von der Aussicht abhinge, von einer Kommission auf die Kondition seines Pferdes geprüft zu werden, da jeder Reiter aus Erfahrung weiss, mit welchen Schwierigkeiten eine derartige Beurtheilung verknüpft ist und er in den meisten Fällen kaum selbst die Kondition seines Thieres beurtheilen kann.

Als nach längeren Berathungen die Endpunkte Berlin-Wien als festgelegt zu betrachten waren, kam man auf deutscher Seite auch bald zu der Ueberzeugung, dass von einem Rennen auf 600 Kilometer keine Rede sein könne.

Es entstand nunmehr jene Proposition, welche über die Ausführung des Rittes keinerlei Zweifel liess, der sich in dem Rahmen bewegte, der eine allgemeine grosse Betheiligung erwarten liess und der auch der nationalen Seite Rechnung trug.

Der amtliche Wortlaut derselben war folgender:

Proposition

für den

Distanzritt von Wien nach Berlin

beziehungsweise

von Berlin nach Wien.

——————

Offen für aktive Offiziere der deutschen und österreichisch-ungarischen Armeen, zu reiten ohne Gewichtsausgleichung auf Pferden aller Länder im Besitze solcher Offiziere.

Ehrenpreis Sr. Majestät des Kaisers von Oesterreich, Königs von Ungarn, für den siegenden Reiter der deutschen Armee. Ehrenpreis Sr. Majestät des Kaisers von Deutschland, Königs von Preussen für den siegenden Reiter der österreichisch-ungarischen Armee.

Es erhalten ferner: Dasjenige Pferd, welches den Weg in der kürzesten Zeit zurücklegt 20 000 Mark,

das 2. Pferd . . . . . . 10 000 Mark,

„ 3. „ . . . . 6 000 „

„ 4. „ . . . . 4 500 „

„ 5. „ . . . . 3 500 „

„ 6. „ . . . . 2 500 „

„ 7. „ . . . . 1 500 „

Die Einzahlungen erhalten zu weiteren Preisen Verwendung, so dass mindestens das 10. Pferd noch einen Preis erhält.

Ausser diesen Preisen erhält je 1 Pferd von den von Berlin, wie von den von Wien startenden Pferden, welches sich nach Beendigung des Rittes in der besten Kondition befindet, noch einen Geldpreis, welcher sich nach der Höhe der eingegangenen Gelder richtet. Nur Pferde, welche zur Zurücklegung des Weges nicht mehr als 24 Stunden über die Zeit, deren der Sieger dazu bedurfte, gebraucht haben, sind zu dieser Konkurrenz zugelassen; bei todtem

Rennen werden die Geldpreise getheilt, über die Zuwendung des Ehrenpreises entscheidet das Loos. Der Ritt geht von Berlin nach Wien, beziehungsweise von Wien nach Berlin; die Wahl des Weges bleibt den Reitern überlassen.

Die Reiter haben den Weg, auf dem genannten Pferde reitend oder dasselbe führend, zurück zu legen. Führpferde oder Pferdewärter zu Pferde sind ausgeschlossen, jedoch ist das Mitnehmen von Pferdewärtern auf andere Art gestattet. Der Ritt beginnt am 1. Oktober 1892.

Es wird successive einzeln oder in Gruppen gestartet und die Reihenfolge der Starts durch das Loos entschieden. Wünschen mehrere Theilnehmer in einer Gruppe vereint zu starten, so haben sie dies unter Namensangabe der Einzelnen bis 24. September dem eigenen Komitee anzuzeigen.

Dem Reiter oder jeder Gruppe wird die ausgeloostе Startzeit rechtzeitig mitgetheilt.

Die Starts erfolgen in der Zeit vor 12 Uhr Mittags, der Zeitraum zwischen den einzelnen Starts und ob dieselben an einem Tage erfolgen werden, hängt von der Zahl der Theilnehmer ab.

Die Dauer des Rittes wird nach mitteleuropäischer Zeit berechnet werden.

Giebt ein Reiter seinen Ritt unterwegs auf, so hat er hiervon das Komitee in Wien sowohl, als in Berlin telegraphisch zu benachrichtigen.

Jeder Reiter hat, 10 bis 15 Meilen vom Endziele angelangt, das Komitee der betreffenden Endstation von dem ungefähren Zeitpunkt seiner Ankunft telegraphisch zu benachrichtigen.

Die betreffenden Adressen werden den Reitern am Start mitgetheilt.

Als Startpunkt für die Reiter ab Berlin und gleichzeitig als Zielpunkt für die Reiter von Wien wird die 1. Garde-Dragoner-Kaserne (Südportal) Belle-Alliancestrasse in Berlin bezeichnet.

Als Startpunkt für die Reiter von Wien und gleichzeitig als Zielpunkt für die Reiter von Berlin wird der Westausgang von

Rittmeister Freiherr v. Reitzenstein reitet in Berlin ab.

Nach einer Momentaufnahme von M. Ziesler.

Floridsdorf und zwar an jenem Punkte, wo die Korneuburg-Wienerstrasse sich mit der Eisenbahn kreuzt, bestimmt.

Zu unterschreiben bis zum 1. August 1892 unter Angabe des Namens des Nennenden, der Anzahl der Pferde und gleichzeitiger Zahlung von 100 Mark für jedes Pferd; bis zum 1. September 1892 unter genauer Angabe und Beschreibung der Pferde und gleichzeitiger Zahlung von 50 Mark für jedes Pferd; bis zum 24. September 1892 sind die Reiter der betreffenden Pferde zu nennen.

Alle Nennungen, Einsendungen und Korrespondenzen des Distanzrittes für das Komitee Berlin sind an das Kommando des Regiments der Gardes du Korps in Potsdam zu richten.

Alle Nennungen, Einsendungen und Korrespondenzen des Distanzrittes für das Komitee Wien sind an das Kommando des k. und k. Militär-Reitlehrer-Institutes in Wien zu richten.

Unterzeichnet war die Proposition eigenhändig von den beiden Komitees zu Berlin und Wien.

Das Komitee Berlin:

v. Krosigk m. p.
General-Lieutenant.

Freiherr v. Bissing m. p.
Oberst.

Graf Széchény m. p.
Sekretär der k. u. k. Botschaft

Freiherr v. Steininger m. p.
k. u. k. Oberst.

Graf Bismarck m. p.
Major a. D.

v. Schmidt-Pauli m. p.
Major.

v. Köller m. p.
Rittmeister.

Freiherr v. Esebek m. p.
Rittmeister.

v. Keszycki m. p.
Rittmeister.

Ernst Günther m. p.
Herzog zu Schleswig-Holstein.

Das Komitee Wien:

v. Kolosváry m. p.
Major.

v. Böhm-Ermoli m. p.
Major.

Freiherr v. Baumgarten m. p.
Oberst-Lieutenant.

Graf Kálnoky m. p.
Oberst.

Krauchenberg m. p.
Oberst.

Graf Auersperg m. p.
Oberst.

Freiherr v. Krauss m. p.
Oberst.

Ritter v. Bordolo m. p.
General-Major.

Freiherr v. Bothmer m. p.
General-Major.

v. Deines m. p.
Oberst und Militär-Attaché bei der kais. deutschen Botschaft.

Freiherr v. Gagern m. p.
Feldmarschall-Lieutenant.

Auf Grund dieser Proposition erfolgten die Nennungen:

Am 1. August 1892:

Aus dem Deutschen Reiche von . . . 145 Konkurrenten.

„ Oesterreich-Ungarn von 133

Am 1. September 1892:

Von deutscher Seite für . . . . . . 130 Pferde.

„ österr.-ungar. Seite für . . . . . 121 „

Am 24. September 1892:

Von Deutschland . . . . 115 Reiter.

„ Oesterreich-Ungarn . . . . . . 109́ „

Seit Juni waren die Vorbereitungen zur Ausführung dieses Massen-Distanzrittes, wie er bisher noch nicht erlebt worden ist, im Gange.

Bei den in neuerer Zeit unternommenen Ritten auf weite Entfernungen handelte es sich gewöhnlich nicht um Konkurrenzkämpfe, und demzufolge spielte die Schnelligkeit, mit welcher die vorgenommenen Strecken zurückgelegt wurden, nicht die Hauptrolle, sondern die Gesammtleistung von Reiter und Pferd als solche.

Bei dem Distanzritt von Berlin nach Wien. und umgekehrt galt es einen etwa 82 bis 84 Meilen langen Weg in grösster Schnelligkeit mit demselben Pferde ohne Ruhetage zurückzulegen.

Der Wettkampf war ausserdem verschärft durch die Bestimmung, dass nur diejenigen Offiziere Anspruch ´auf die Geldpreise von 500 bis 20000 Mark haben könnten, welche den Weg in nicht länger als sechs Tagen zurücklegen, und vor Allem durch die Ehrenpflicht, Alles daran zu setzen, um dem eigenen Heere vor dem fremden den Vorrang zu sichern.

Von Berlin aus ritten 91 deutsche Offiziere nach Wien und von Wien 121 österreichisch-ungarische Offiziere nach Berlin. Auf beiden Seiten war selbstverständlich die Kavallerie am stärksten vertreten; doch befanden sich unter den Reitern auch Infanterie-

und Schützen-Lieutenants, sogar ein Hauptmann von der Luftschiffer-Abtheilung.

Nicht nur Berlin und Wien, sondern auch viele andere Kavallerie-Garnisonen beider Staaten waren betheiligt, beiderseits stiegen die berühmtesten militärischen Sportsleute in den Sattel. Das deutsche Kavalleriepferd steht bekanntlich in bestem Rufe, allein die edle Halbblutzucht in Oesterreich-Ungarn ist älter und hat mindestens so tüchtige Ergebnisse aufzuweisen wie Ostpreussen; der Ungar ist überdies ein vorzüglicher Reiter.

Zwar betheiligte sich auch eine stattliche Anzahl von Vollblutpferden an dem Wettkampf; aber das kavalleristische Interesse war mehr der Entscheidung der Frage zugewandt, ob das österreichisch-ungarische Halbblut vor dem preussischen, oder dieses vor jenem den Vorzug verdiene; d. h. ob innerhalb der Frist von sechs Tagen mehr österreichische oder mehr deutsche Pferde durch's Ziel gehen würden. Begreiflicherweise sahen die Militärbehörden den Ausgang des Wettstreites mit grosser Spannung entgegen, nicht zum wenigsten auch die beiden Kaiser, welche von Anfang an das Unternehmen billigten und auf alle mögliche Weise förderten.

Von behördlicher Seite war die Bevölkerung der Landstriche, durch welche sich die bunte Kavalkade bewegte, — es durfte nur in Uniform geritten werden — aufgefordert worden, den Offizieren beim Aufsuchen der Quartiere, bei Unterbringung der Pferde und bei anderen Obliegenheiten alle Hilfe angedeihen zu lassen, Zoll- und Cholera-Plackereien unterblieben bei Vorzeigung der Startkarte.

Der Abgang der Pferde erfolgte von Berlin und Wien am 1., 2. und 3. Oktober in der Zeit von Morgens 6 bis 8 Uhr. Jeder Offizier bekam eine Startkarte, in welcher die Zeit des Abrittes und der Ankunft am Endziel genau vermerkt wurde.

Abritt und Ankunft wurde an den Startpunkten in Wien und Berlin von einem Richterkollegium überwacht, welches dort in der

Mehrzahl aus deutschen und hier in der Mehrzahl aus österreichischen Offizieren bestand.

Von der letzten Etappe aus musste jeder Reiter telegraphisch die muthmassliche Stunde seiner Ankunft anmelden, damit das Richterkollegium vollzählig zur Stelle sein konnte. In den näher bei Wien und Berlin belegenen Ortschaften, durch welche die Reiter kamen, waren überdies Soldaten von den Eisenbahnregimentern vertheilt, um ebenfalls das Herannahen der Reiter telegraphisch oder telephonisch zu melden.

Je 42 Geldpreise waren für die Deutschen und für die Oesterreicher ausgesetzt.

Jeder Reiter, wenn er überhaupt nur durch's Ziel ging, erhielt einen Ehrenpreis (Erinnerungsmedaille oder -Becher), es ging also kein Einziger leer aus. Wer die kürzeste Zeit zum Zurücklegen des Weges brauchte, war natürlich Sieger.

In Sportkreisen rechnete man vielfach mit der Möglichkeit, dass das Halbblut auf so weite Entfernung sich als widerstandsfähiger erweisen werde wie das Vollblut, welches bis jetzt mehr für kurze Kraftleistungen, wie bei Pferderennen, ausersehen war. Es fragt sich aber, was in der Zwischenzeit der Trainer zu leisten im Stande war.

Die Schwierigkeiten eines solchen Distanzrittes stellt man sich im Publikum viel geringer vor, als sie thatsächlich waren.

In der Gangart des Pferdes musste ein ununterbrochener und zweckmässiger Wechsel vorgenommen werden, wenn es befähigt werden sollte, täglich mindestens 14 deutsche Meilen zurückzulegen, bald musste es der Reiter am Zügel führen — wobei er nicht nebenher fahren durfte —, bald musste er dasselbe in gelinderen oder stärkeren Trab setzen, gelegentlich Tags über an kurze Ruhepausen denken, in der Wahl des Futters vorsichtig sein u. s. w. Uebermüdete Pferde lehnten oft das Futter ab, andere wehrten sich in fremden Ställen gegen den Nachtschlaf, bis sie schliesslich umfielen; dazu kam die Belästigung durch den Satteldruck.

Auf dem Wege, welchen die Offiziere einschlugen — eine bestimmte Route war nicht vorgeschrieben —, eilten die Burschen voraus, um an allen Punkten für das Nöthigste zu sorgen, aber mancher Offizier musste gleichwohl noch einen kleinen Futtersack mit sich führen, um Verzögerungen zu vermeiden.

Die Reiter selbst mussten auf die grössten Strapazen gefasst sein, die mässigste und pünktlichste Lebensweise führen.

Im Nothquartier.

Originalzeichnung von Georg Koch.

III.

Am Steuerhäuschen

auf dem

Tempelhofer Felde bei Berlin.

Erwartungen, die man an den Distanzritt knüpfte. — Mit der Uhr in der Hand. — Abritt der ersten Gruppe. — Prinz Leopold von Preussen und seine Begleitung. — Die Würfel sind gefallen! — Das kameradschaftliche Verhältniss zwischen den Offizieren der beiden Nationen. — Vermuthungen. — Bunte Gesellschaft von Thieren. — Vollblut und Halbblut. — Betheiligung am Ritt.

onatelang waren die Blicke von Berufsreitern, von den Offizieren der beiden Reichsheere Deutschlands und Oesterreich-Ungarns und von allen Sportskreisen mit höchster Spannung auf Berlin und Wien gerichtet. Sollte doch hier ein kavalleristisches Unternehmen seinen Abschluss finden, wie ein solches noch nie dagewesen war. Mit Recht war Jedermann auf den Ausgang desselben im höchsten Grade gespannt. Von beiden Seiten nahmen an dem schneidigen Ritt die hervorragendsten Reiter aller Waffengattungen und Pferde der verschiedensten Raçen Theil. Man sah im Wettstreit den hochgezogenen englischen Vollbluter neben dem drahtigen ostpreussischen Chargenpferde, der edle Trakehner begegnete dem feurigen Ungar, und auch das dorische Kosakenpferd fehlte nicht in der Reihe der an den Starten erscheinenden Thiere.

Am Sonnabend Morgen (1. Oktober) entwickelte sich in der Nähe des Steuerhäuschens auf dem Tempelhofer Felde bei Berlin ein reges Leben.

Auf derselben Stelle, wo Kaiser Wilhelm I. so oft sein Paradepferd bestiegen, wenn es galt, seine Garden zu mustern, wogte, trotz des frühen Morgens, eine zahlreiche Menschenmenge, worunter selbstverständlich Offiziere aller Grade.

Die Starter unter ihrem Vorstand, dem Major v. Mitzlaff, vom 3. Garde-Ulanenregiment, die aus Oesterreich herübergekommenen Herren, Oberst Frhr. v. Kotz und Major Graf v. Schaffgotsch erwarteten, mit der Uhr in der Hand, die Zeit des ersten Abrittes.

Die Generalität auf deutscher Seite war durch den Herrn General der Kavallerie und Kommandirenden des 7. Armeekorps, v. Albedyll und die Herren Generallieutenants v. Krosigk und von der Planitz vertreten.

Allen schlug das Herz vor Erwartung höher und höher. Die Spannung hatte sich in den letzten Wochen durch all' die Konversationen, die aufgeworfenen Fragen, die sich widersprechenden Meinungen nahezu bis zur Unerträglichkeit gesteigert. Und endlich dämmerte der heutige Morgen auf — als man sich auf den Weg machte, leuchtete noch im Westen der Morgenstern, wie ein gutes Omen strahlend am Himmel und dann brach der prachtvollste Herbsttag an, den sich die Reiter zu ihrer langen Etappe nur ersehnen konnten.

Als die Glocken die sechste Morgenstunde verkündeten, senkte der Starter die Flagge zum Abritt der ersten Gruppe.

Ein Hohenzollernspross, ein Prinz des königlichen Hauses, Prinz Friedrich Leopold von Preussen, der Schwager Kaiser Wilhelm's II., war der Erste der unter freudigem Grüssen und jubelndem Zuruf vom Steuerhäuschen nach Ueberreichung seiner nach Floridsdorf bei Wien lautenden Startkarte entlassen wurde. Der Prinz, in Majorsuniform der Gardes du Corps, sass auf seinem prächtigen Fuchswallach „Taurus". Seine, die erste Gruppe ausmachenden Begleiter waren Generalstabshauptmann Frhr. v. Zandt, auf „Wanderschwalbe", Lieutenant v. Zansen-Osten (19. Ulanen), auf einem braunen Ostpreussen, Lieutenant Graf Clairon d'Hausonville (4. Dragoner), auf dem kräftigen Fuchswallach und Chargenpferd „Nero" und Lieutenant v. d. Osten (Gardes du Corps), auf dem schwarzbraunen Engländer „Little Davy".

Mit nicht endenwollenden, brausenden Jubelrufen begleiteten die Menschenmengen die Durchquerung des Tempelhofer Feldes von Seiten der Reiter.

Inzwischen hatte sich die Zuschauermenge derartig vermehrt, dass es nothwendig wurde, Platz für die Reiter zu schaffen und das Publikum an die Westseite der Chaussee zu verweisen. Gruppe auf Gruppe folgte nun, von der Zuschauermenge mit jubelnden Zurufen und Aufmunterungen begrüsst. In ganz besonders hervorragender Weise geschah dies, als die 19. Gruppe den Berliner Start unter Führung des Herzogs Ernst Günther, dem Bruder der Kaiserin, verliess. Er ritt die Vollblüterin Mayflower und in seiner Begleitung sah man drei der schneidigsten Reiteroffiziere: Rittmeister v. Heyden-Linden (Königs-Ulanen), auf der Halbblutfuchsstute „Dot", Rittmeister v. Kramsta (Gardekürassiere), auf der Vollblutstute „Alpine" und Rittmeister v. Gossler (Gardehusaren), auf einer ostpreussischen Rappstute.

Nach dem Glockenschlag 10 Uhr senkte sich die Starterflagge am Berliner Start am ersten Tage zum letzten Male. Am nächsten Tage (Sonntag) verliessen 25, und Tags darauf noch 23 Gruppen das Steuerhäuschen am Tempelhofer Felde.

Die Würfel waren im Rollen, die Kontroverse schwieg. Wenn auch die Frage der Sieger noch eine Reihe von Tagen offen bleiben musste, so gewann man doch jetzt schon an der Grenzscheide der deutschen Reichshauptstadt im freundlichen Verkehre mit den anwesenden österreichischen Herren, die mit einnehmendster Liebenswürdigkeit an den Vorgängen Theil nahmen, das Gefühl, dass, ob die Siegesantheile nun auch dem einen oder dem anderen Lager reicher zufallen würden, man sich durch den feindlichen Wettkampf dennoch unter allen Umständen näher gerückt sei.

Das schon seit Jahren bestehende kameradschaftliche Verhältniss wurde durch diese zu frischer That gewordenen Gedanken der verbündeten Monarchen nur noch inniger geknüpft.

Die missgünstige Opposition gegen den Wettkampf, die, allerdings sehr vereinzelt, da oder dort ihre Stimme erhob, war verhallt, wie sie es verdiente, und auch die überängstlichsten Gemüther beruhigten sich.

Dieses Ausprobiren der Leistungsfähigkeit von Mann und Pferd gewann durch die imposante Anzahl der Theilnehmer eine Bedeutung, wie sie frühere von einzelnen Herren vorgenommene Ritte über grosse Entfernungen nie beanspruchen konnten, über welche überdies nur Weniges in die Oeffentlichkeit gedrungen war. Ausserdem konnte man aber unter allen Umständen aus derartigen isolirt gebliebenen Versuchen nicht allgemeine Schlüsse ziehen und nach diesen bleibende Prinzipien feststellen.

Hier dagegen standen über 200 Herren der gleichen grossen Aufgabe gegenüber. Aus der Summe ihrer Erlebnisse, aus den Vergleichen so vieler einzelner Erfahrungen und Austausche der Meinungen musste sich ein Material von unschätzbarem Werte ergeben und in manche noch dunkle Frage das erwünschte Licht gebracht werden . . . .

Es war selbstverständlich eine bunte Gesellschaft von Thieren, deren Rücken die Herren Distanzreiter ihr Glück anzuvertrauen sich entschlossen hatten und nicht die Schönheit, sondern erprobte Zähigkeit musste bei der Wahl entscheidend bleiben. Da die Anforderungen eines so forcirten Distanzrittes ausserdem nur an ältere Pferde gestellt werden konnte und viele von den Thieren in der Vorbereitung harte Arbeit hatten thun müssen, so sah ein guter Theil derselben für das Laienauge nicht allzu bestechend aus.

Die anwesenden vielen Sachverständigen urtheilten indessen anders und haben die Mehrzahl der Pferde als für den vorliegenden Zweck als passend gewählt begutachtet.

Im Allgemeinen waren es, mit zwei Ausnahmen, nicht die Vollblutpferde, denen man die besten Prognostiken zu stellen versucht gewesen wäre. Keine zu unscheinbare Rolle spielten die Chargenpferde, deren mehrere in guter Verfassung waren und Vertrauen erweckend aussahen. Auch einer der bekanntesten Herrenreiter, dessen Bild man beinahe nicht von einem Vollblutpferde zu trennen vermag, hatte seinen Chargen, einen allerdings sehr edlen

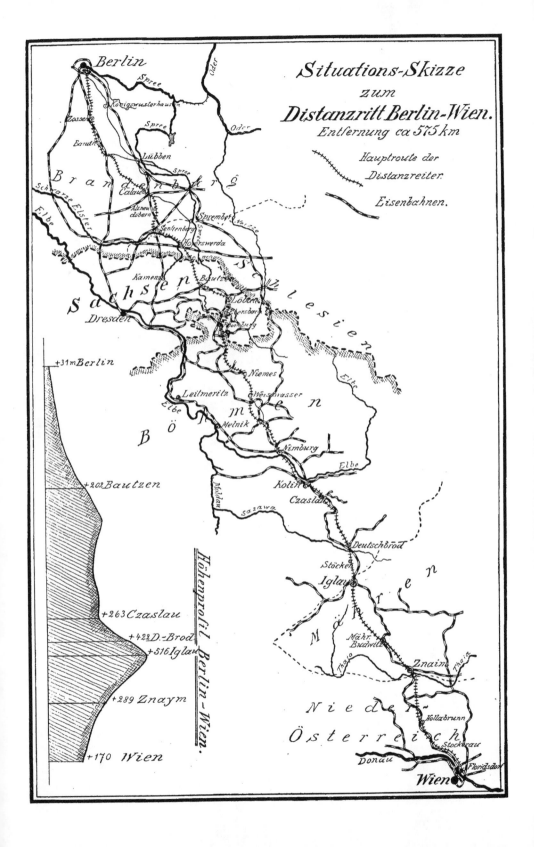

Ostpreussen, für den Ritt nach Wien erkoren. Die am besten gefielen, waren einige kleinere Halbblutpferde, die, was ihnen etwa an Grösse abging, durch den vorzüglichen Bau, die stramme Muskulatur und verschiedene Points reichlich ersetzten. Zu diesen zählen wir die beiden Füchse der Grafen Wengersky und Holnstein und die gefällige Stute des Herrn v. Heyden-Linden. Unter den Vollblutpferden kann man noch den Fuchs „Taurus" Sr. Königl. Hoheit des Prinzen Friedrich Leopold, und „Normandy" des Frhrn. v. Erlanger, als diejenigen erwähnen, die geeignet schienen, den Ruf des edlen Blutes würdigst zu vertreten. „Normandy" startete ausserdem unter besonders günstigen Bedingungen, denn er trug alles in allem das Federgewicht von 50 Kilogramm und sein Reiter, der mit unermüdlichem Eifer den Vorbereitungen obgelegen, glaubte mit guten Chancen der österreichischen Kaiserstadt zusegeln zu dürfen. Leider täuschte ihn die Folge.

„Normandy" schied bereits nach kurzem Ritt aus der Konkurrenz aus, da er in Hoyerswerda lahm wurde.

IV.

Der Weg zwischen den Kaiserstädten.

Unsere Karte. — Länge des Weges. — Die Hauptlinie. — Die Orte an der Hauptlinie. — Der Nachtheil für die deutschen Reiter. — Der Vortheil für die österreichischen Reiter. — Höhenprofil Berlin-Wien.

ie unserem Werke beigegebene Kartenskizze stellt die Distanzstrecke Berlin-Wien dar.

Zur Vergleichung des Weges sind die Eisenbahnlinien der betreffenden Länder eingetragen.

Die Gesammtentfernung beträgt reichlich 575 Kilometer, jedoch ist diese Zahl nicht genau massgebend für die von den einzelnen Reitern zurückgelegten Entfernungen, weil die betreffenden Herren das Recht hatten, ihren Weg selbst zu wählen.

Die Hauptlinie, die von den Reitern benutzt wurde, ist in unserer Kartenskizze durch eine Linie mit Querstrichen angegeben.

Sie geht vom Steuerhäuschen im Süden Berlins in südöstlicher Richtung über Zossen und Baruth nach Calau, beziehungsweise Königswusterhausen und Lübben nach Calau, führt dann über Altneudöbern, Senftenberg, Hoyerswerda, Bautzen, an welchem Orte sie eine Terrainhöhe von 202 Meter erreicht, zieht sich dann über Rumburg, den ersten Ort, der auf böhmischem Boden liegt, nach Niemes, Weisswasser, Nimburg, Kolin, Czaslau, Deutschbrod, Iglau, dem höchsten Punkte der Strecke, der 516 Meter über dem Meere liegt, Mährisch-Budwitz, Znaim, Hollabrunn und Stockerau nach Floridsdorf nordöstlich von Wien.

Die besten Reiter haben in 24 Stunden zwischen 160 bis 220 Kilometer auf den einzelnen Tagesstrecken zurückgelegt.

Die deutschen Distanzreiter hatten gegenüber den österreichischen einen in der Gestaltung des Terrains liegenden wesentlichen Nachtheil. Wenn man nämlich das in unserer Zeichnung links enthaltene Profil Berlin-Wien betrachtet, so ergiebt sich, dass die deutschen Reiter im Anfang ihrer Tour das erste Drittel der Gesammtstrecke mit ihren frischen Pferden auf verhältnissmässig ebenem, jedenfalls nicht bergigem Terrain zurückzulegen hatten, so dass sie erst im späteren Verlauf mit ihren schon ermüdeten Pferden in das Gebirgsterrain in Böhmen kamen, wo dann erst die grösseren Anforderungen an die Leistungsfähigkeit der Pferde gestellt werden mussten.

Die österreichischen Reiter hatten den schwierigsten Theil des Rittes im ersten Drittel zwischen Wien und Iglau zurückzulegen und kamen von hier ab während des Restes ihres Rittes in das bequem zu durchreitende ebene und leicht bergab führende Terrain, was für die Dauerleistung der ermüdeten Pferde von wesentlichem Einfluss gewesen sein dürfte.

Das in unserer Skizze enthaltene Höhenprofil Berlin-Wien, bei welchem die Höhen in vergrössertem Massstabe gezeichnet sind, giebt ein Bild der Bodengestaltung zwischen den beiden Hauptstädten nach dem hauptsächlichsten Charakter des Terrains.

Berlin hat eine Seehöhe von 31 Meter, Wien eine solche von 170 Meter, so dass von Berlin nach Wien eine Ansteigung von 139 Meter stattfindet, während zwischen Bautzen, Czaslau, Deutschbrod, Iglau und Znaim Höhen von 202, 263, 422, 516 und 289 Meter zu überwinden waren. Jedenfalls ist aus unserer Kartenskizze ersichtlich, dass bei der ganz ausserordentlichen Distanzleistung die deutschen Reiter die schwierigere Aufgabe zu bewältigen hatten.

V.

Die Ankunft

der

ersten Oesterreicher am Ziel in Berlin.

Normaluhr im Richterzimmer. — Erwartungsvolle am Steuerhäuschen. — Ober-
lieutenant v. Miklós als Erster. — Chavossy de Csavoss und Bobda. — Die
Namen der Offiziere, welche Proberitte unternommen. — Lieutenant Scherber I.
— Lieutenant Karl Schmidt v. Földvar. — Lieutenant Scherber II. — Rittmeister
Stög'. — Ein kleines Intermezzo. — Menschenmassen auf dem Tempelhofer
Felde. — Oberlieutenant Chaule. — Oberlieutenant Buffa. — Graf Paar. —
Reiter, welche den Ritt aufgegeben. — Jarmy de Szolnok.

ie Wahrscheinlichkeit, dass eine Entscheidung schon am dritten Tage erfolgen könnte, war wohl nicht besonders gross, dennoch trat das Richterkollegium am Nachmittag dieses Tages zusammen.

Die Normaluhr, von welcher die Zeiten hier abgelesen wurden, war nach mitteleuropäischer Zeit gestellt (6' 25" vor der Berliner Zeit). Sie stand versiegelt im Richterzimmer und wurde an jedem Morgen von der Sternwarte kontrolirt.

Der Empfang der Oesterreicher in Berlin war ein beispiellos begeisterter. Schon während der Nacht hatten sich viele Hunderte, hauptsächlich Offiziere, am Steuerhäuschen eingefunden, vom frühen Morgen an wuchs die Menge und erreichte um die Mittagsstunde eine ganz gewaltige Ausdehnung. Zehntausende waren anwesend und bereiteten den eintreffenden Reitern stürmische Huldigungen.

Als Erster von den österreichisch-ungarischen Offizieren aus Wien traf bekanntlich am Ziele der Oberlieutenant **v. Miklós** ein.

Am Montag früh 4 Uhr waren Oberlieutenant v. Miklós und Lieutenant Chavossy noch gemeinsam vor Bautzen.

Hinter dieser Stadt passirte Herrn v. Miklós das Malheur, mit seinem Pferde zu stürzen; er brachte das Thier jedoch bald wieder auf die Beine und setzte die Tour bis Hoyerswerda fort, woselbst die beiden Reiter gegen 1 Uhr Nachmittags eintrafen.

Es wurden ihnen daselbst von der Bevölkerung, mit dem Herrn Bürgermeister an der Spitze, lebhafte Ovationen dargebracht. Die Begeisterung dämpfte sich jedoch sehr bald mit Rücksicht auf den Zustand, in welchem sich dort schon der zwölfjährige Braune befand.

Die Flanken des armen Thieres waren von den Sporen völlig aufgerissen und über und über blutig, gleich den Sporen und den Stiefeln des Reiters. Die beiden Reiter gönnten in Hoyerswerda sich und den Thieren eine Rast von etwa $2^1/_2$ Stunden und liessen füttern. Um die Schmerzen, von welchen „Marcsa" des Herrn v. Miklós gepeinigt wurde, zu betäuben, liess der Reiter ihr eine Morphiumeinspritzung beibringen.

Nach vollendeter Rast stiegen beide Reiter wieder in den Sattel und gingen im Trabe ab, mit der Absicht, in Baruth noch eine ganz kurze Rast zu halten und dann von dort die Tour in einem Ritte zu beenden.

Oberlieutenant Miklós rastete jedoch in Baruth nicht, setzte vielmehr die Tour ohne Aufenthalt fort, während Lieutenant Chavossy, dessen Pferd zwar noch ganz mobil war, zurückblieb, weil er sich selbst zu sehr ermüdet fühlte.

Und so ging es, obgleich sich an dem Braunen, wie schon berichtet, gleich hinter Hoyerswerda eine Lahmheit der Schulter bemerkbar gemacht hatte, weiter gen Berlin, zumeist im Trabe.

Bei Tempelhof stieg Oberlieutenant Miklós aus dem Sattel und führte seinen Braunen, weil er auf dem Pflaster nicht mehr recht vorwärts zu kommen vermochte. Am Bahndamm bestieg Herr v. Miklós jedoch sein Ross wieder und strebte in scharfem Trabe dem Ziele zu, dass er um 9 Uhr 34 Minuten 32 Sekunden erreichte. Ross und Reiter waren freilich stark erschöpft.

Das Thier, das von Hoyerswerda ab ununterbrochen im Gange war, hatte dort auch das letzte Futter erhalten, und eine Flasche

Cognac, von dem ihm zeitweise ein Schluck eingeflösst wurde, war Alles, was ihm sein Reiter auf dem strapaziösen letzten Drittel der Tour geboten hat.

Oberlieutenant v. Miklós, ein Mann im Anfang der dreissiger Jahre, von mittelgrosser, schlanker Gestalt, mit martialischem schwarzen Schnurrbart, hatte am ersten Tage 156 Kilometer, am zweiten 200 und den Rest der insgesammt 575 Kilometer betragenden Tour, also 211 Kilometer, am letzten Tage zurückgelegt.

Seit Sonnabend früh 7 Uhr 10 Minuten, zu welcher Zeit er vom Start in Wien entlassen wurde, hat Oberlieutenant v. Miklós insgesammt nur 13 Stunden gerastet. Er trug seine Husarenuniform mit Mantel und Säbel und führte eine Reitgerte.

Unterwegs hatte sich seine Stute „Marcsa" während einer Rast durch heftigen Anprall an eine Wand in der Box einen Nagel in das Schulterblatt eingestossen. Die Verletzung machte die Konsultation eines Thierarztes nöthig. Dieser brachte dem Thiere eine Morphiumeinspritzung bei, damit der Reiter seinen Ritt fortsetzen könne.

Die Anwendung dieses Mittels hielt aber nicht sehr lange vor, und im weiteren Verfolgen seines Zieles musste der Reiter mit dem Entschlusse kämpfen, die Partie aufzugeben, da die Leistungen des Thieres immer unzulänglicher wurden.

Zwischen Ross und Reiter entspann sich so ein still fortgeführter Kampf. Nur dadurch, dass er dem Pferde Cognac und Cocain beibrachte, gelang es dem österreichischen Offizier, unter Anwendung äusserster Willenskraft das vorgesteckte Ziel zu erreichen.

Die Anzeichen dieses von der zweiten Hälfte des Weges an geführten inneren Kampfes zwischen dem kräftigen Wollen des Reiters und den sinkenden Kräften des Thieres, traten auch bei Ankunft am Ziele in der äusseren Erscheinung des Oberlieutenants v. Miklós hervor.

Oberlieutenant v. Miklós gehört zu denjenigen österreichisch-ungarischen Offizieren, welche bereits einen Proberitt unter-

nommen hatten. Proberitte hatten ferner unternommen: Ober-
lieutenant Graf Wilhelm Starhemberg (7. H.-R.), Rittmeister
August Baron Koller (14. Dr.-R.), Oberlieutenant Stephan v. Horthy
(13. H.-R.), Oberlieutenant Geza Baron Sardagna (11. H.-R.),
Rittmeister Moritz Fleischmann (3. H.-R.), Lieutenant Max Baron
Kielmannsegg (4. Dr.-R.), Lieutenant Richard Spitzner (9. Dr.-R.),
Oberlieutenant Heinrich Baltazzi (11. H.-R.), Oberlieutenant Gustav
Hoffmann (14. H.-R.), Lieutenant Robert Ritter v. Joëlson
(13. Dr.-R.), Oberlieutenant Julius Baron Nagy (16. H.-R.), Ober-
lieutenant Johann Graf Lubienski (5. U.-R.), Oberlieutenant Josef
Graf Szapary (7. H.-R.), Oberlieutenant Graf Paar (1. U.-R.),
Oberlieutenant Eduard Graf Wickenburg (3. H.-R.), Oberlieutenant
Josef Graf Lasocki (1. U.-R.) und Rittmeister Max Graf Thun-
Hohenstein.

Um 11 Uhr 17 Minuten 7 Sekunden traf als Zweiter der
Lieutenant Julius Chavossy de Chavoss und Bobda von dem 3. Husarenregiment auf einem fast ponnyartigen kleinen Wallach des Oberlieutenants v. Miklós ein.

Auch er hatte Wien am ersten Tage des Starts früh 7 Uhr
10 Minuten verlassen; er hatte somit nur 1 Stunde 52 Minuten
35 Sekunden mehr als v. Miklós gebraucht. Auch ihm wurde ein
stürmischer Empfang zu Theil, der sich zum hellen Jubel steigerte,
als man sah, in welcher seltenen Frische Ross und Reiter anlangten.
Herr v. Chavossy hatte die Tour über Königswusterhausen genommen.

Oberst v. Steininger geleitete ihn in einer Droschke nach dem
Kaiserhof, sein Pferd wurde, wie alle übrigen, bei den 1. Garde-
dragonern eingestellt.

Mit Herrn v. Chavossy traf der Wiener Radfahrer Klomser
hier ein. Er hatte am Sonnabend früh 6 Uhr Wien verlassen und
hatte sich zunächst dem Grafen Paar und dem Landgraf zu Fürstenberg angeschlossen, war dann aber diesen vorausgeeilt.

Als Dritter passirte Lieutenant Scherber von den 7. Dragonern
auf Lieutenant Bardt's Schimmelwallach „Granit", das Ziel.

Lieutenant Scherber hat um 6 Uhr 50 Minuten des ersten Starttages Wien verlassen und war bis Weisswasser gekommen, von dort Sonntag früh um 3 Uhr aufgebrochen und seitdem ohne Rast unterwegs. Das nicht mehr junge Pferd war in brillanter Kondition, obgleich es das linke Hintereisen verloren.

Begleitet hatte den Reiter von Weisswasser aus der Brünner Radfahrer Carafiat, der am Sonnabend 6 Uhr Wien verlassen hatte. Zeit: 78 Stunden 9 Minuten.

Um 1 Uhr 25 Minuten traf der Lieutenant **Karl Schmidt v. Földvar** von den 6. Husaren am Ziel ein. Er war von Wien am Sonnabend 6 Uhr 15 Minuten abgegangen, hatte also 79 Stunden 10 Minuten gebraucht.

Der Reiter, von gedrungener, fast dicker Gestalt, kam auffallend frisch an, sein Pferd, ein prächtiger Ungar, sah aus, als ob es eben aus dem Stall käme.

Zwei Regimentskameraden begrüssten den als Herrenreiter bekannten Offizier.

Am Steuerhause auf dem Tempelhofer Berge erwarteten den weiteren Verlauf des Distanzrittes unter Anderen noch Oberstallmeister Graf Wedell und der Adjutant des Kaisers, Major v. Moltke.

Um 2 Uhr 49 Minuten erreichte in scharfem Galopp als Fünfter der Lieutenant **Scherber** II vom 7. Dragonerregiment, der Bruder des als Dritter eingegangenen Offiziers, das Ziel.

Der schneidige Reiter, der sehr frisch aussah, hatte eine wunderbare braune Stute, die „Alma" des Oberlieutenants Ritter Sypniewski v. Odrowaz, unter sich. Das Thier hatte die Tour brillant überstanden.

Lieutenant Scherber II war Sonnabend um 6 Uhr 25 Minuten aus Wien abgeritten, hatte somit 80 Stunden 24 Minuten gebraucht.

Um 3 Uhr 39 Minuten 50 Sekunden begrüssten brausende Hochrufe den sechsten der österreichischen Reiter, den Rittmeister **Stögl** vom 8. Ulanenregiment.

Rittmeister Adalbert Stögl, eine kleine gedrungene Gestalt, ist schon ein älterer Offizier, die Anstrengungen des Parforcerittes waren nicht spurlos an ihm vorübergegangen, man sah es ihm an, dass ihm das Laufen sauer wurde, immerhin machte auch er noch einen guten Eindruck.

Sein Pferd, der Schimmelwallach „Schuppa", ist ein verhältnissmässig kleines, schmächtiges Thier, dem man es kaum ansieht, dass es grössere Anstrengungen hat aushalten können. Der Wallach war stark abgetrieben und sehr beschmutzt, erholte sich aber verhältnissmässig bald.

Der Abritt von Wien war am Sonnabend 6 Uhr 35 Minuten erfolgt. Zeit: 81 Stunden 4 Minuten 50 Sekunden.

Kurz nach $^1/_2$5 Uhr ereignete sich ein kleines Intermezzo. In scharfem Galopp sprengte um 4 Uhr 37 Minuten ein Zivilreiter in das Ziel. Es war der Brünner Lederwaarenfabrikant Alfred Flesch, der am Freitag früh 6$^1/_2$ Uhr Wien verlassen hatte.

Der Reiter hatte ein vollständig untrainirtes Pferd benutzt, das die Tour sehr gut überstanden hatte. Es handelte sich bei dem Ritt um den Austrag einer Wette, die dahin ging, die Differenztour auf untrainirtem Pferd in fünf Tagen zurückzulegen. Herr Flesch hat die Wette glänzend gewonnen, er hat nur 106 Stunden 7 Minuten, also 13 Stunden 53 Minuten weniger gebraucht.

Auf dem Tempelhofer Felde hatte sich inzwischen eine immer gewaltigere Menschenmasse angesammelt. Auch der Landwirthschaftsminister v. Heyden und General v. Rauch hatten sich vor dem Steuerhause eingefunden.

Die Geduld der Neugierigen und der Richter wurde auf eine lange Probe gestellt. Schon nach 5 Uhr sollte der nächste Reiter, der kurz nach 3 Uhr Zossen verlassen, eintreffen, seine Ankunft verzögerte sich ganz erheblich.

Um 6 Uhr flammte der auf dem Eiffelthurm angebrachte Scheinwerfer auf. Endlich um 7 Uhr 34 Minuten 36 Sekunden

Hufeisen verloren!

Originalzeichnung von C. Becker.

erschien der siebente Reiter, Oberlieutenant **Chaub** vom 13. Ulanenregiment auf der prächtigen Fuchsstute „Lille".

Er war am Sonnabend früh 6 Uhr 45 Minuten aus Wien abgeritten, war somit 84 Stunden 49 Minuten 36 Sekunden unterwegs gewesen. Mit ihm langte der Radfahrer Zeisberg aus Berlin an, der ihm bis Golssen entgegengefahren war und ihn kurz nach 4 Uhr erreicht hatte. Lieutenant Chanb und sein Pferd waren in bester Beschaffenheit.

Um 7 Uhr 46 Minuten 21 Sekunden folgte ihm als Achter der Oberlieutenant **Buffa** von den 6. Dragonern auf dem braunen Wallach „Distanz".

Auch hier machten Pferd und Reiter den besten Eindruck. Zeit: 85 Stunden 6 Minuten 27 Sekunden.

Um 8 Uhr 6 Minuten 25 Sekunden ging **Graf Paar** vom 1. Ulanenregiment auf der schwarzbraunen Stute „Ada Duliäh" als Neunter durch's Ziel.

Das Pferd lahmte vorn rechts etwas, der Reiter war frisch. Er war 85 Stunden 41 Minuten 25 Sekunden unterwegs.

Bis Zossen waren ihm die beiden Berliner Radfahrer Allardt und Koch vom Klub „Wanderer" als Forcemacher entgegengefahren.

Für die Nacht wurden noch elf Reiter erwartet.

VI.

Die Ankunft

der

ersten Deutschen am Ziel in Wien.

Wirkung der telegraphischen Nachricht über die Aufnahme der österreichischen Offiziere in Berlin. — Schmückung der Zielstrassen. — Prinz Friedrich Leopold von Preussen und Sekondelieutenant Heyl. — Die Wiener Bevölkerung und der Prinz. — Rittmeister v. Tepper-Laski. — Frhr. v. Meyern. — Lieutenant Dietze. — Lieutenant v. Jena. — Die Herren Offiziere, welche den Ritt aufgegeben. — Der Vorsprung des Lieutenants Frhrn. v. Reitzenstein. — Herzog Ernst Günther von Schleswig-Holstein und sein Pferd. — Das Vorführen der Pferde in der Reitschule. — Die Nachricht von der Verunglückung Reitzensteins. — v. Reitzenstein am Ziel. — Lippspringe's letzte Stunden.

Die Kunde von dem Eintreffen und der begeisterten Aufnahme der österreichischen Distanzreiter in Berlin hatte sich mit Blitzesschnelle über ganz Wien verbreitet und eine grosse Befriedigung hervorgerufen.

Die Zielrichter in Floridsdorf erhielten offizielle Bestätigung durch die Mittheilung einer Depesche, welche der Militärkanzlei des Kaisers Franz Josef von den Distanzreitern aus Berlin zugegangen war.

Die Stimmung am Ziele in Floridsdorf wurde in Folge dessen freudig gehoben und man beeilte sich dort, die Zurüstungen zum festlichen Empfange der deutschen Distanzreiter zu vollenden.

Das Komitee erklärte sich in Permanenz, der Zielpfosten und das Häuschen, in welchem das Komitee sich befand, sowie die Donaubrücke, welche die deutschen Reiter passiren mussten, erhielten reichen Schmuck von Guirlanden, Reisig und Flaggen in den deutschen und österreichischen Farben.

In der Nähe des Zieles sammelten sich bereits in der Mittagsstunde grosse Menschenmassen; zahlreiche Offiziere fanden sich zu Fuss und zu Pferde ein. Nicht blos aus Wien, sondern auch aus dessen entfernter Umgebung strömten immer neue Massen nach Floridsdorf. Viele Personen eilten sogar schon in den ersten Nachmittagsstunden westwärts die Strasse entlang den deutschen Offizieren entgegen, aber Stunde auf Stunde verrann, ohne dass der erste Distanzreiter, wie oft auch sein baldiges Erscheinen durch das Gerücht angekündigt wurde, in Sicht kam. Dafür zirkulirten Nachrichten von bedenklichen Unfällen, die den an der Spitze reitenden Herren zugestossen sein sollten.

Das Wetter war prächtig. Bei anbrechender Dunkelheit wurden an den Zielpfosten in Floridsdorf die elektrischen Beleuchtungsapparate in Thätigkeit gesetzt, die Bogenlampen erhellten den Platz und Lichtwerfer erleuchteten die Strasse auf eine beträchtliche Strecke.

Die Ungeduld der Menge stieg auf's Höchste. Das Erscheinen einiger Hofequipagen wurde als Zeichen des nahen Eintreffens des „Ersten" gedeutet.

Man hatte inzwischen die Gewissheit erlangt, dass der „Erste" der Prinz Friedrich Leopold von Preussen sein werde. Um 7 Uhr 45 Minuten verkündeten brausende Hochrufe sein Erscheinen. Im kurzen Trabe passirte er das Ziel und drei Pferdelängen hinter ihm folgte der Sekondelieutenant Heyl. Beide hatten Mühe, ihre etwas erschöpft aussehenden Rosse durch die Menge zu steuern, die das Spalier durchbrochen hatte.

Die beiden Reiter wurden von dem Generalinspekteur der Kavallerie, Frhrn. v. Gagern, den deutschen Delegirten, den Mitgliedern des Komitee's empfangen und von zahlreichen Offizieren enthusiastisch begrüsst. Der Prinz und sein Begleiter sassen ab unter dem tosenden Jubel der Zuschauer, unter denen sich auch Graf Alexander v. Hartenau, der ehemalige Fürst von Bulgarien, befand, und begaben sich zur Abstattung der Ankunftsmeldung und Beglaubigung ihrer Legitimationskarten in's Komiteelokal.

Nach wenigen Minuten rollte Prinz Leopold, den der Ritt nur wenig ermüdet zu haben schien, in einer Hofequipage in die Burg, wo er als Gast des Kaisers sein Absteigequartier nahm.

Auf der Fahrt durch die Ringstrasse, sowie bei der Einfahrt in die Hofburg wurde er von dem Publikum lebhaft begrüsst. Der

Ein Regentag im Gebirge.

Originalzeichnung von Georg Koch.

Prinz hatte in Berlin am Sonnabend um 6 Uhr Morgens und Sekondelieutenant Heyl dagegen um 7 Uhr 20 Minuten gestartet. Letzterer hat somit den Ritt um 1 Stunde 20 Minuten schneller zurückgelegt als der Prinz, der als der Erste der deutschen Reiter in Wien eintraf. Die Dauer des Rittes des Prinzen, der als Begrüssung seines Schwagers, des Kaisers Wilhelm II., die Ernennung zum Oberstlieutenant vorfand, ist eine ausgezeichnete Leistung an und für sich, besonders aber im Hinblick auf das verhältnissmässig hohe Körpergewicht, das der Prinz in den Sattel bringt, und auf das schwere Pferd, das im Vergleich zu kleinen behenden Pferden im Gebirge eine ungemein schwierige Aufgabe zu bewältigen hatte.

Als Zweiter folgte, wie oben gesagt, Sekondelieutenant **Heyl** vom 9. Dragonerregiment, auf der lehmfarbigen englischen Halbblutstute „Miss Quitting".

Brausender Jubel begrüsste ihn, vieltausendstimmige Hoch- und Hurrahrufe erschütterten Minuten lang die Luft.

Ein am Ziele befindlich gewesener dritter Hofwagen wurde abbeordert, den Herzog Günther abzuholen, dessen Pferd angeblich unweit Wien zusammengebrochen sein sollte. Rittmeister v. Tepper-Laski vom 3. Husarenregiment, der als Erster erwartet worden war, blieb wegen des schlechten Zustandes seines Pferdes zurück er war Abends noch ungefähr 10 Kilometer von Wien angetroffen worden, wie er sein ermattetes Thier am Zügel führte. Trotz alledem traf der schneidige Reiter Abends 8 Uhr 15 Minuten im Schritt als Dritter am Ziele ein. Von den weiteren deutschen Distanzreitern traf Lieutenant Frhr. v. **Meyern** Abends 9 Uhr 7 Minuten, Lieutenant **Dietze** 9 Uhr 8 Minuten, Lieutenant v. **Jena** 10 Uhr 5 Minuten in Wien ein. Einige andere deutsche Offiziere, darunter Rittmeister v. **Levetzow**, waren bereits signalisirt und wurden von Mitternacht an in Floridsdorf erwartet.

Prinz Friedrich Leopold, der mit der ersten Gruppe am Sonnabend früh 6 Uhr vom Start abgegangen ist, hat in 85 Stunden 35 Minuten den Ritt nach Wien vollendet; Lieutenant Heyl, der um 7 Uhr 20 Minuten vom Starter entlassen wurde, hat die Tour innerhalb 84 Stunden 25 Minuten zurückgelegt, also etwa 1 Stunde 10 Minuten weniger gebraucht, als der Prinz.

Im Laufe des Montag hatten folgende deutsche Offiziere den Distanzritt aufgegeben: Sekondelieutenant v. Zausen, genannt v. Osten, vom Ulanenregiment 9, Sekondelieutenant Graf Clairon d'Hausonville, vom Dragonerregiment 4, Sekondelieutenant von der Osten, vom Regiment Garde du Corps und Premierlieutenant v. Unger I., vom Dragonerregiment 18. Die ersten drei Offiziere verliessen zugleich mit dem Prinzen Friedrich Leopold am Sonnabend früh als Erste den Start; in ihrer Begleitung ritt noch Hauptmann Frhr. v. Zandt vom Generalstabe. Das von diesem gerittene Pferd des Hauptmann Frhrn. v. Marschall, „Wanderschwalbe", ist in Altdöbern an Kolik eingegangen, so dass somit von den fünf Reitern der ersten Gruppe nur noch Prinz Friedrich Leopold den Ritt fortgesetzt hat. Von österreichischen Offizieren hatten am Montag den Ritt aufgegeben: Oberlieutenant Graf Szapary, Oberlieutenant Nagy, Rittmeister Moldauer, Graf Koziebradzki, Lieutenant Baron Decken, Oberlieutenant Bischofshausen, Oberlieutenant Landgraf Fürstenberg.

Am Nachmittag des 5. Oktober trafen weiter ein: um 3 Uhr 40 Minuten Premierlieutenant **Müller**, abgeritten Sonnabend 9 Uhr 10 Minuten früh; um 3 Uhr 46 Minuten Premierlieutenant **Bomsdorf**, abgeritten Sonnabend 6 Uhr 20 Minuten früh; um 7 Uhr 35 Minuten der Sonntag früh 6 Uhr 20 Minuten abgerittene Sekondelieutenant **Kummer**. Reiter und Pferd in bester Verfassung. Das Pferd des Lieutenant Kummer war ein Dienstpferd, welches das Herbstmanöver mitmachte.

Ferner gingen durch das Ziel: Lieutenant Graf **Holnstein**, von den 1. bayer. Ulanen, und die Rittmeister **v. Heyden, v. Kramsta** und **v. Gossler.** Der preussische Artillerie-Premierlieutenant **Karl Bloch v. Blottnitz** musste einige Stunden von Wien wegen Unfähigkeit des Pferdes den Start aufgeben.

Mit Spannung sah man bereits um diese Zeit dem Eintreffen des Kürassierlieutenants Frhrn. v. Reitzenstein entgegen, der einen bedeutenden Vorsprung hatte und daher die Möglichkeit vorlag, dass er unter allen Distanzreitern die Strecke Berlin-Wien am schnellsten zurücklegen, demnach auch den Grafen Starhemberg noch übertreffen würde. Frhr. v. Reitzenstein traf, wie die einlaufenden Meldungen besagten, Nachmittags $1/_24$ Uhr in Iglau ein; sein Pferd war ermüdet, aber keineswegs leistungsunfähig.

Die Nachrichten, betreffend Starhemberg und Miklós, hatte er bereits erfahren. Nach kurzer Rast brach er wieder auf; er wollte die Nacht durchreiten und pro Stunde 10 Kilometer machen, hoffte somit Morgens 6 Uhr sein Ziel Floridsdorf zu erreichen, womit er Starhemberg im Rekord um zwei Stunden schlagen würde. An demselben Tage, um $3/_411$ Uhr, langte zu Fuss Sekondelieutenant Hoffmann v. Waldau an; er hatte sein Pferd in Korneuburg zurücklassen müssen; es wurde ihm aber seitens des Komitees nahegelegt, Nachmittags doch noch den Versuch zu machen, von Korneuburg nach Floridsdorf zu reiten. Mittags 12 Uhr 38 Minuten kam Rittmeister **Poser** in flottem Trabe an.

Um 1 Uhr 20 Minuten traf Herzog **Ernst Günther von Schleswig-Holstein** zu Fusse ein. Der Herzog führte sein Pferd, welches ganz niedergebrochen war, an der Hand. Die Herren von der deutschen Botschaft, welche in Floridsdorf versammelt waren, gingen dem Herzog entgegen; unter Hochrufen des zahlreich anwesenden Publikums passirte der Herzog das Ziel; er schien nicht sehr ermüdet zu sein. Vormittags fand in der grossen Reitschule, im Beisein der Preisrichter, das Vorführen der gestern Abend und im Laufe der heutigen Nacht eingetroffenen deutschen Pferde mit Rücksicht auf die Prüfung für den Preis, der in Beziehung auf die Verfassung der Pferde verliehen wird, statt.

Die Pferde machten im Allgemeinen den Eindruck grosser Müdigkeit. Nur das Pferd des Prinzen Friedrich Leopold von Preussen zeigte vorzügliche Haltung und machte einen sehr günstigen Eindruck.

Am meisten angegriffen schien das Pferd des Rittmeisters v. Tepper-Laski; zwei Pferde waren lahm.

Die letzten Stunden des 6. Oktober waren wohl die aufregendsten des ganzen, grossen Distanzrittes.

Die Telegramme der Nacht zum 6. Oktober brachten Stunde um Stunde Nachricht über das Vorwärtsdringen des deutschen Favorit-Reiters, bis plötzlich in der Frühe jede Nachricht ausblieb.

Plötzlich, als die Spannung in Folge der Ungewissheit schon peinlich wurde, kam ein Berliner Radfahrer, der den Baron Reitzenstein auf dem Ritte begleitet hatte. Er erzählte in höchster Aufregung ziemlich verworren, dass sie zwischen Znaim und Stockerau, bei einer Kreuzung falsch berichtet, den unrechten Weg eingeschlagen hätten, wodurch sie einen grossen Umweg machten. Jetzt müsse Frhr. v. Reitzenstein bis auf 15 Kilometer nahe sein.

In wenigen Sekunden flog der Radfahrer auch schon wieder im schärfsten Tempo dem Reiter entgegen. Nun schien es bereits ausgeschlossen, dass Graf Starhemberg noch geschlagen werde, doch sah man noch fortwährend die Uhr in den Händen Aller, bis die Stunde abgelaufen war, in der die Starhemberg'sche Zeit hätte überboten werden können.

Kurze Zeit verging, als plötzlich, wie aus der Luft hergeflogen, die Nachricht laut wurde, Baron Reitzenstein sei verunglückt. Das währte etwa eine halbe Stunde, dann kamen fast gleichzeitig Baron Erlanger zu Pferde und ein Radfahrer und meldeten, dass Baron Reitzenstein Stockerau verlasse und dass er bis auf 4 Kilometer nahe sein müsse, sein Pferd führend, nachdem er ihm beim Sechskilometer-Stein vorübergefahren sei.

Ein Dutzend Fiaker fuhren nun dem Reiter entgegen, der plötzlich, doch schneller als man jetzt erwartete, auf der Chaussee trabend, sichtbar wurde, vor ihm der ersterwähnte Radfahrer. Mit stürmischen Hochrufen empfangen, passirte um 9 Uhr 56 Minuten 55 Sekunden Frhr. v. Reitzenstein das Ziel.

Sein erstes Wort zu dem Militärattaché, Oberst von Deines, als er den Sattel verlassen, war: „Habe mich leider zuletzt total verritten".

Frhr. v. Reitzenstein war am 3. Oktober um 8 Uhr 50 Minuten aus Berlin abgeritten, er brauchte 73 Stunden 6 Minuten 55 Sekunden und blieb damit hinter Starhembergs Rekord um 1 Stunde 34 Minuten zurück, während er die Zeit des Oberst-Lieutenants v. Miklós um 1 Stunde 18 Minuten schlug. Verritten hatte sich der Reiter in der Nähe eines Dorfes Torf. Den hierdurch eingetretenen Zeitverlust gab Baron Reitzenstein auf etwa 1$\frac{1}{2}$ Stunden an.

Damals war übrigens Hauptmann v. Förster von der Luft-schiffer-Abtheilung noch bei ihm, dessen Pferd jedoch total ver-wundet war.

Frhr. v. Reitzenstein zählt zu den besten Rennreitern Deutsch-lands, der oftmals die Pferde des Grafen Stanislaus Eszterhazy bei den Herrenreiten in Deutschland ritt und auch im Jahre 1892 nach Pressburg kam, um des Grafen Eszterhazy „Hermann" in der grossen Pressburger Steeple-Chase zu reiten, die er auch gewann. — Baron Reitzenstein, ein kleiner, sehniger Mann mit scharf-geschnittenem Gesiehte, gelblichem Teint, leicht melirtem schwarzen Kopfhaar und schwarzem Schnurrbärtchen, war nach seiner Ankunft in Schweiss gebadet und sehr bleich.

Unter den jubelnden Zurufen der Menge begab sich v. Reitzen-stein ins Inspektionszimmer.

Das Thier war gleich beim Ziele steif geworden, musste vom Platze geschoben werden und fiel unweit vom Ziele kraftlos zu Boden. Seine Flanken waren blutig. Oesterreichische Offiziere labten es mit Cognac — umsonst, das Pferd kam nicht auf die Beine. Als Baron Reitzenstein im Hotel Bristol eintraf, konnten ihm die Kleider, die ganz zerfetzt und mit Blut befleckt waren, welches aus wunden Körperstellen floss, kaum vom Leibe gebracht werden.

Einem Besucher machte Baron Reitzenstein interessante Mit-theilungen über seinen Ritt. Seine Stute hat er vor etwa fünf

Wochen in Gent in Belgien um nur 1500 Franken gekauft; bis zu jener Zeit wurde sie fast nur als Wagenpferd und nur zeitweilig als Reitpferd benützt. Seinem Kennerauge hatte das Thier einmal gefallen und einen Tag vor Nennungsschluss (1. September) kündigte er es für den Distanzritt an. Auf der ganzen Tour Berlin-Wien gab es nirgends eine längere Rast als von zwei, höchstens drei Stunden nach je 100 Kilometer. Er ritt durchaus in Trab, in der Nähe von Wien drohte das Pferd umzufallen. Der Reiter, welcher die ganze Tour ohne Sporen und Reitpeitsche, nahm jetzt Sporen und sass. Unter grosser Mühe brachte er die Stute in Trab; so ging's bis Korneuburg, wo er sie etwa $2^1/_2$ Kilometer vor dem Ziele führte. Als das Pferd abermals Miene machte, umzufallen, bestieg er es rasch und brachte es an's Ziel.

Im Stalle hatte sich die Stute im Laufe des Nachmittags ziemlich erholt. Sie stand in der Nacht auf und nahm etwas Mohrrüben und Hafer zu sich. Auch am nächsten Tage frass sie, und es hatte den Anschein, dass sie die Anstrengungen überstehen würde. Am zweiten Tage aber stellte sich Fieber ein, die hinzugezogenen Thierärzte konstatirten Lungenentzündung, an welcher auch die treue Stute, trotz sorgfältigster Pflege, einging. — (Ueber den hochinteressanten Ritt Reitzenstein's bringen wir an einer anderen Stelle des Werkes Ausführlicheres.)

Zureden hilft.

Originalzeichnung von C. Becker.

VII.

Die nächsten Tage am Ziel in Berlin.

Der Andrang des Publikums. — Damenpublikum. — Starhemberg. — Falsche
Trainirung unserer Pferde. — Aufgegebene Ritte. — Die einzelnen Reiter.

estern, Mittwoch — so erzählt ein Augenzeuge des Distanzrittes in einem Briefe — war der Andrang des Publikums auf dem Tempelhofer Felde noch bei weitem grösser, als am Tage vorher. Namentlich die Damenwelt war auf dem vor dem Steuerhäuschen abgesperrten Raum sehr zahlreich vertreten und harrte, trotzdem die Ereignisse in stundenlangen Zwischenräumen eintraten, mit seltener Ausdauer aus. Hauptsächliches Gesprächsthema bildete der Ritt des Grafen Starhemberg. Der Rekord desselben, 71 Stunden und 20 Minuten, wurde als unübertreffbar bezeichnet.

Mit einer nur fünfstündigen Ruhepause durchritt der junge Graf die ganze Distanz, von Iglau ab sogar auf einem halblahmen Pferde.

Allerdings haben wir noch einen Kämpen auf dem Wege, auf welchen sich alle unsere Hoffnung stützt und von welchem nach seinem grossartigen Training vielleicht noch eine bessere Leistung zu erwarten ist. Das ist Lieutenant Frhr. v. Reitzenstein von den 4. Kürassieren.

Dass in hiesigen Offizierskreisen über das verhältnissmässig schlechte Abschneiden unserer Reiter grosse Missstimmung herrscht, brauchen wir wohl nicht zu verhehlen. Die Schuld der geringeren Leistungsfähigkeit unserer Thiere wird allgemein dem falschen Training zugeschrieben, der auf verhältnissmässig viel zu langen Ruhepausen basirte.

Wenn man aber die kleinen Katzen sieht, welche im Aeusseren zum grossen Theil nicht einmal zeigen, wieviel Blut, Knochen und Muskeln sie in sich tragen, so muss man doch sich zu der Ansicht bekehren, dass die Raçe dort unten im Ungarlande mehr Kraft und Widerstandsfähigkeit besitzt, als die bei uns gezogene und die vom Auslande importirte.

Die weiteren Resultate des Nachmittags, welche wiederholt das Eintreffen mehrerer Reiter, ein Mal waren es ihrer sechs, im Zeitraum von wenigen Minuten konstatirten, ,liefern wohl den deutlichsten Beweis für diese Behauptung. Doch genug von diesen sportlichen Betrachtungen. Im Laufe der nächsten Monate wird das Thema „Distanzritt Berlin-Wien" wohl noch sehr oft diskutirt werden, und es wird wohl mehr als eine Behauptung aufgestellt und vielleicht auch widerlegt werden. In Berlin sind bis jetzt insgesammt 22, in Wien 14 Distanzreiter angekommen.

Den Ritt aufgegeben haben weiter von österreichischer Seite: Lieutenant v. Jarszyncki, Rittmeister Szegedy, Rittmeister Adzia, Baron Reisky; von deutscher Seite: Lieutenant Bob I (26. Dragoner), Lieutenant v. Sydow II (Garde-Dragoner).

Vom Tempelhofer Felde wird der „Sportwelt" berichtet:

In kurzer Aufeinanderfolge kamen in den verschiedensten Gangarten, im Trab, Schritt und sogar im schneidigen Galopp am Mittwoch Vormittag gegen $^3/_4$9 Uhr durch's Ziel: Hauptmann Rohr auf Oberlieutenant Graf Lubienski's Grauschimmel-Wallach „Kapita", Hauptmann Lenz vom Generalstabe auf brauner Stute „Donna v. Furiore", Rittmeister Jovicie vom 15. Ulanenregiment auf Fuchs-Wallach „Juckad v. The Palmer" a. d. Fairy Ring, Lieutenant Höfer auf der Schimmelstute „Minerva", Oberlieutenant v. Reuterzug der 71. Infanterie-Brigade auf Fuchs-Wallach „Amata".

Eine sehr gute Leistung, nach derjenigen Graf Starhembergs am meisten hervorzuheben, vollbrachte Lieutenant Franz Höfer, der am 2. Oktober um 6 Uhr 5 Minuten in Wien startete. Oberlieutenant Rohr musste seinen Wallach die letzten 50 Kilometer führen. Das

Pferd war in sehr schlechtem Zustande, Augen gebrochen, stark abgemagert, anscheinend Kreuzlähme vorhanden.

Um 12 Uhr 10 Minuten kamen, von stürmischem Jubel begrüsst, Oberlieutenant Alfred v. Hinke auf der schwarzbraunen Stute „Tücsok" (Start in Wien: 2. Oktober 6 Uhr 35 Minuten) und Oberlieutenant Dominik Muzyka (Start in Wien: 2. Oktober 6 Uhr 45 Minuten) an. Die Zeitdifferenz der beiden Reiter am Ziel betrug etwa 1 1/2 Minuten.

Allgemeines Aufsehen erregt die wunderbare Verfassung der österreichischen Pferde.

Nach einer mehrstündigen Pause, in welcher das anwesende Publikum wie eine Mauer stand, kam um 2 Uhr 23 Minuten staubbedeckt und auf dem vollständig schweissbedeckten braunen Wallach „Tartar" Oberlieutenant Graf G. Batthyany an. Derselbe war am 2. Oktober um 6 Uhr 15 Minuten in Wien gestartet, sein Rekord ist in Folge dessen 80 Stunden 7 Minuten.

Ihm folgte eine Minute später Oberlieutenant Joannovitz vom 14. Husarenregiment, der bereits am 1. Oktober um 3 Uhr 50 Minuten abgeritten war, und zwar auf dem Fuchs-Wallach „Azertis v. Chiftain" aus einer Ostreger Halbblutstute. Er hat also 103 Stunden 28 Minuten gebraucht.

Um 2 Uhr 28 Minuten ging Lieutenant Baron Max Kielmannsegg auf der braunen Stute „Miss Queen" durch's Ziel. An dem Reiter war fast kein Stück Zeug mehr ganz. Die Hosen und Rockärmel waren vollständig zerrissen, die Steigbügel mit Hasenfellen umwickelt. Baron Kielmannsegg zeigte einen sehr guten Rekord, da er am 2. Oktober um 6 Uhr 30 Minuten von Wien weggeritten ist. Sein Rekord ist demnach 79 Stunden 58 Minuten.

In flottem Trabe langte 3 Uhr 57 Minuten Oberlieutenant Hoffmann vom 14. Husarenregiment auf Fuchs-Wallach „Bucifal v. Lord" a. d. Rokida an.

Eine Viertelminute darauf folgte Lieutenant Wilh. v. Schram auf der braunen Stute „Zanka".

Der erste Offizier startete in Wien am 1. Oktober um 6 Uhr 55 Minuten, der zweite am 2. Oktober um 7 Uhr 15 Minuten. Die wunderbare Kondition der Reiter und Pferde erregte immer wieder den Jubel der Bevölkerung, sowie die Anerkennung der versammelten Sportsmen.

Im Schritt passirte das Ziel um 4 Uhr 15 Minuten Oberlieutenant v. Risch (1. Dragonerregiment) auf Fuchs-Hengst „Waska". Risch startete in Wien am 1. Oktober um 6 Uhr 35 Minuten.

Um 4 Uhr 15 Minuten galoppirte hier ein Hauptmann Lego (58. Infanterieregiment), der am 1. Oktober um 6 Uhr 15 Minuten in Wien startete, durch's Ziel.

Nicht nur der Zustand der hier eingekommenen Pferde, welche zum grossen Theil in hurtigem Trabe das Ziel passirten, ist bewunderungswürdig, sondern ein zweiter Faktor, die enorme Energie der österreichischen Reiter, erregt geradezu Begeisterung. Reiter und Pferd gaben bis zum letzten Moment ihr Bestes her.

Einen unbeschreiblichen Jubel erweckte Lieutenant Haller, der im schönsten Kanter durch's Ziel kam. Ihm folgte Lieutenant Redlich in einem sehr scharfen Trabe. Die beiden letzten Reiter hatten ihren Endweg über Zossen genommen.

11

VIII.

Am nächsten Tage in Wien.

Am Endziel Floridsdorf. — Erwartungen. — Die Nachricht aus Hollabrunn — Der Herzog kommt! — Der Empfang am Ziele. — Die nächsten eintreffenden Reiter — Die Begrüssung derselben. — Der Lichtschimmer in der Ferne. — Lieutenant Kummer. — Die letzten Reiter am zweiten Tage.

Sammlung Max Kunz, Originale Bucheinbände

84

ie nächste Umgebung des Endziels bei Florids-
dorf war auch Tags darauf das Rendez-vous für
viele Tausende, die von Wien gekommen waren,
um die ankommenden deutschen Reiter sehen
und begrüssen zu können.

Schon um die Mittagszeit hatte sich ein ziemlich zahlreiches
und sehr distinguirtes Publikum auf dem Platze eingefunden,
nachdem es im Laufe des Vormittags bekannt geworden, dass die
Ankunft des Herzogs Ernst Günther von Schleswig-Holstein
gegen 1 Uhr Mittags erwartet wurde.

Man sah die Herren der deutschen Botschaft, zahlreiche
Generale, darunter den Korpskommandanten FZM Baron Schönfeld,
Offiziere aller Waffen und Mitglieder der Aristokratie und der
vornehmen Bürgerschaft.

Das Pferd des jungen Herzogs war, wie bekannt, Tags zuvor
Nachmittags bei Hollabrunn total niedergebrochen und dem Komitee
war bereits die telegraphische Meldung zugekommen, dass der
Herzog im letzten Moment doch den Entschluss gefasst, mit seinem
Pferde das Endziel zu erreichen.

Am frühesten Morgen des 6. Oktober brach er aus der Nacht-station auf und führte, zu Fuss gehend, das Thier bis Floridsdorf.

Das Pferd, eine in England gezogene Vollblutstute, war total niedergeritten. Das arme Thier konnte nur mühsam die Füsse heben und sie zögernd wieder auf den Boden stellen, weshalb der Herzog das Pferd in der That mit dem Zügel mehr ziehen als führen musste.

Die grosse Selbstüberwindung und die moralische Kraft, welche dazu gehörten, um unter solchen Schwierigkeiten das Ziel zu erreichen, erregten die lebhafteste Theilnahme des Publikums, das seinen Empfindungen durch stürmischen Beifall Ausdruck gab.

Der Herzog trug die Generalstabsuniform und, offenbar mit Rücksicht auf den gezwungenen Fussmarsch, Schnürschuhe und Ledergamaschen.

Mit der rechten Hand führte er sein Pferd, in der linken hielt er einen Reitstock und ein grosses Blumenbouquet.

Nachdem er das Ziel durchschritten hatte, übergab er sein Pferd einem Reitknechte, nahm die Begrüssung der offiziellen Persönlichkeiten entgegen und begab sich hierauf in's Komitee-Zimmer, woselbst er nach Ausfertigung seiner Legitimation die Schnürschuhe mit hohen Reiterstiefeln vertauschte. Er nahm noch am Buffet einen Imbiss und fuhr dann in Begleitung eines Generalstabs-Offiziers unserer Armee, der ihm zur Dienstleistung zugetheilt war, nach Wien in die Hofburg.

Die nächsten Reiter, welche nach dem Herzog in Floridsdorf eintrafen, waren: Premierlieutenant Müller um 3 Uhr 40 Minuten; derselbe langte im Jagdgalopp am Ziele an. Um 4 Uhr 6 Minuten 20 Sekunden kam Premierlieutenant v. Bomsdorf und um 6 Uhr 20 Minuten 10 Sekunden Sekondelieutenant von Lefort.

Alle diese Reiter, welche mit ihren Pferden in ziemlich frischem Zustande ankamen und von dem mittlerweile massenhaft an-gesammelten Publikum lebhaft und herzlichst begrüsst wurden, ge-hörten zu der ersten, am 1. Oktober von Berlin abgegangenen Gruppe.

Gegen 7 Uhr kam die Nachricht, dass der nächste Reiter der Erste sei, welcher von der zweiten, d. i. am 2. Oktober abgelassenen Gruppe, in Floridsdorf eintreffen werde und dass dessen Ankunft in einer halben Stunde zu erwarten sei.

Im Publikum hatte diese Mittheilung wieder einige Bewegung hervorgerufen, und mit Spannung wurde die Ankunft des Reiters erwartet.

Um $1/_2 8$ Uhr sah man in der Ferne den Lichtschimmer, welchen die Laterne eines sich mit grosser Schnelligkeit nähernden Velozipedes verbreitete, als Vorboten des ankommenden Reiters, und bald darauf (um 7 Uhr 34 Minuten) ritt ein junger, kaum mehr als zwanzigjähriger Offizier des 15. Husarenregiments im Trab unter stürmischem Beifall der Menge durch's Ziel.

Der jugendliche Reiter war der Sekondelieutenant v. Kummer. Er schien frisch und munter, doch sein Pferd lahmte merklich auf einem Fusse.

Der Offizier hatte am 2. Oktober um 6 Uhr 20 Minuten den Berliner Start verlassen und war somit nach 85 Stunden 14 Minuten in Floridsdorf eingetroffen.

Sein Rekord stand unter den Reitern der ersten Abtheilung nur jenen des Rittmeisters Tepper-Laski (83 Stunden 23 Minuten) und des Premierlieutenants Heyl (84 Stunden 27 Minuten) nach.

Weiter trafen im Laufe des Abends in Floridsdorf ein:

Um 8 Uhr 28 Minuten Dragonerrittmeister v. Witzleben von der zweiten Gruppe; um 9 Uhr 25 Minuten die Hauptleute v. Lindenau des Füsilierregiments Königin und Frhr. Senft v. Pilsach des 103. Infanterieregiments, Beide von der ersten Gruppe. Graf v. d. Goltz wird um 1 Uhr Nachts hier erwartet.

IX.

Die Sieger und die Preise.

Ergebnisse.

Die Reihenfolge der besten Reiter nach ihren Rekords geordnet. — Die Haupt-
preise. — Ergebnisse des Rittes. — Ausrüstung der Reiter. — Ausrüstung der
Pferde. — Beschläge. — Füttern. — Tränken. — Zwischenfälle. — Programm
für den Ritt.

Vielfach glaubte man im Publikum, dass die Preise doppelt vorhanden seien und für jede Partei gesondert vertheilt würden. Es war dies keineswegs der Fall. Die Preise waren theilweise durch Nennungen zusammengekommen, da jeder Mitreitende 100 Mark setzen musste.

Im Ganzen waren, wie wiederholt erwähnt, 42 Preise ausgesetzt worden, von denen der höchste 20 000 Mark, der niedrigste 5000 Mark betrug. Ausserdem hatten bekanntlich der deutsche Kaiser und der Kaiser von Oesterreich je einen Ehrenpreis gestiftet.

Diese wurden über's Kreuz vertheilt, d. h. Kaiser Wilhelm II. beglückte den besten österreichischen Reiter und Kaiser Franz Josef den besten deutschen Reiter. Die 42 anderen Preise aber wurden an die 42 besten Reiter vertheilt, ohne Rücksicht auf die Nationalität. Es wäre also nach den Bestimmungen für den Distanzritt an sich nicht unmöglich gewesen, dass sämmtliche 42 Preise nur an Oesterreicher oder nur an Deutsche gekommen wären.

Die Konditionspreise für das Pferd, welches im besten Zustande ankommt, waren noch besondere.

Der Uebersicht wegen stellen wir die besten Reiter beider Parteien in der Reihenfolge ihrer Rekords zusammen, wir geben die Namen also in derjenigen Reihenfolge, in welcher die 42 Preise vertheilt wurden. Die deutschen Reiter sind mit einem * bezeichnet.

Reihenfolge der besten Reiter.

	Stunden.	Minuten	Sekunden.
1) Lt. Graf Starhemberg	71	40	—
2) Lt. Frhr. v. Reitzenstein*	73	6	55
3) Ob.-Lt. v. Miklós	74	24	—
4) Lt. Höfer	74	50	—
5) Hauptm. Förster*	75	14	—
6) Lt. v. Czavossy	76	7	—
7) Ob.-Lt. Muzyka	77	26	30
8) Ob.-Lt. v. Hincke	77	35	—
9) Lt. Scherber I	77	59	—
10) Lt. Schmidt de Földvar	78	7	—
11) Lt. Baron M. Kielmannsegg . . .	79	58	—
12) Ob.-Lt. Graf G. Batthyany . . .	80	7	—
13) Lt. Scherber II	80	19	—
14) Lt. W. v. Schramm	80	42	15
15) Rittmstr. Stögl.	81	5	—
16) Ob.-Lt. Baron S. Sardagna . . .	81	55	—
17) Ob.-Lt. Baron v. Wolf	82	8	—
18) Ob.-Lt. Graf G. Vay von Vaja . .	82	12	—
19) Rittmstr. Baron W. Baselli . . .	82	15	—
20) Lt. Gormass	82	23	—
21) Rittmstr. M. Haller	82	45	—
22) Rittmstr. v. Tepper-Laski* . . .	83	24	20
23) Lt. v. Kummer*	83	50	—
24) Lt. Heyl*	84	25	27
25) Ob.-Lt. Buffa	85	5	—
26) Ob.-Lt. Graf Lubienski	85	20	—
27) Ob.-Lt. Graf Paar	85	35	—

	Stunden.	Minuten.	Sekunden
28) Rittmstr. Pieschel	85	37	—
29) Prinz Friedrich Leopold*	85	45	25
30) Ob.-Lt. A. Kreutzer.	86	15	—
31) Rittmstr. A. Tarjanyi	86	15	2
32) Rittmstr. Baron E. Unterrichter . .	86	25	—
33) Lt. v. Witzleben*	86	28	2
34) Lt. Dietze*	86	37	50
35) Lt. Frhr. v. Meyern*	86	37	51
36) Rittmstr. Frhr. v. Schuckmann* . .	87	9	55
37) Lt. v. Jena II*	87	25	—
38) Lt. Barneltow*	88	5	—
39) Ob.-Lt. Jarmy de Szolnock . . .	88	5	—
40) Sek.-Lt. Studenitz*	88	45	—
41) Lt. Zinke*	88	50	—
42) Lt. Graf Clam-Martinitz	89	40	—

Lieutenant Graf Starhemberg erhielt den Ehrenpreis des Kaisers von Deutschland, die Büste des Kaisers in Silber und 20 000 Mark.

Lieutenant Frhr. v. Reitzenstein erhielt den Ehrenpreis des Kaisers von Oesterreich, eine Reiterstatue in Silber und 10 000 Mark.

Ausrüstung der Reiter.

Es machte sich im Allgemeinen das Bestreben geltend, dem Pferde möglichst wenig todtes Gewicht aufzubürden. Die Adjustirung bestand in Waffenrock (Attila, Uhlanka), grauer Stiefelhose, Säbel; ein einziger Reiter hatte den Mantel am Pferde. Einige Reiter hatten keine Sporen, Reitstöcke waren wenige im Gebrauch, Kartentaschen waren ebenfalls selten zu sehen, Laternen am Reiter oder an den Steigbügeln befestigt, wurden — als unpraktisch — während des Rittes entfernt.

Ein Reiter hatte an Stelle des Vorderzeugringes ein Glühlicht angebracht, welches gute Dienste leistete. Der Akkumulator lag in einer kleinen vorderen Satteltasche, die Brenndauer betrug 6 Stunden.

Einem Pferde (kürzlich aus England importirt) hatte der Säbelring eine Wunde gescheuert, der Reiter frug dann den Säbel à la Karabinier am Rücken ohne jegliche Beschwerde.

Die meisten Reiter benützten den vom militär-geographischen Institute zusammengestellten Kartenstreifen in acht Blättern (Abdruck der Spezialkarte), einige die von der Berliner „Sportwelt" in Buchform erschienene „Karte für den Distanzritt"; letztere war analog unseren Marschroutenkarten hergestellt. Ihr Format war sehr handlich (50 Kilometer Weges auf einer Buchseite), beim Verreiten war aber bei dieser Karte eine Orientirung wegen mangelnder Terraineinzeichnung unmöglich.

Da in den meisten Fällen die Nächte durchritten wurden, war der Gebrauch der Karten überhaupt (schlechtes Licht, kleiner Druck) sehr eingeschränkt. Als Kuriosum sei erwähnt, dass ein Reiter ohne jede Karte ritt. Derselbe hatte keinen Proberitt gemacht und kannte die Gegend nicht. Dieser Reiter langte im ersten Sechstel der Placirten ein.

Ausrüstung der Pferde.

Hauptsächlich wurde der englische Sattel (Pritsche) verwendet, sehr wenige Sättel waren ohne Kniebauschen, vielfach wurden nicht zu dicke Filzunterlagen gebraucht, mehrfach waren auch Sattelunterlagen aus Leder, während Kotzen (Decken) unter dem Sattel nur vereinzelt vorkamen.

Vorderzeuge waren sehr spärlich zu sehen.

Oberleutenant Graf Starhemberg (7. österr.-ungar. Husarenregiment).

Nach einer Photographie von Karoly Koller.

Drücke kamen sehr selten vor. Ein Widerristdruck (sehr schwerer Reiter), einige alte Brandschorfe traten zu Tage, ferner hatten zwei Pferde die Haare an der Sattelstelle abgescheuert. Die Zäumung bestand zur grösseren Hälfte aus Stange mit Trense, ein kleiner Theil hatte Pelhams. Ziemlich viele Pferde wurden auf Wischzaum geritten. Letztere Zäumungsart war für die Reiter recht unangenehm, da die müde werdenden Pferde sich stark in die Hand legten, ferner war beim Stolpern der Pferde das Hinschlagen schwer zu verhüten. Alle Pferde hatten Halftern unter dem Zaume, und zwar selten Marschhalftern, sondern meist massive Stallhalftern. Bei einzelnen war das Gebiss an der Halfter befestigt.

Ein grosser Theil der Pferde war bandagirt oder hatte Streifleder und dergleichen. Diese Mittel, von Hause aus benützt, brachten zumeist Schaden. Die Bandagen wurden nach einem Regen oder nach Tränken in fliessendem Wasser glashart und schnitten die Haut durch. Häufig wurde durch vorgenannte Hilfsmittel die Blutzirkulation gestört und manche Sehnenentzündung hervorgerufen.

Bei der Länge des Weges und Schnelligkeit der Fortbewegung erwies sich das Gehen der Pferde mit blanken Beinen als das Zweckentsprechendste.

Beschläge.

Der weitaus grössere Theil der österreichisch-ungarischen Reiter bediente sich bei diesem Ritte des Stahlbeschlages, sei es, dass die Hufeisen ganz aus Stahl hergestellt waren, sei es, dass nur an dem Zehentheile eine Stahlplatte eingeschweisst war.

Die ganz aus Stahl hergestellten Hufeisen erwiesen sich als die zweckdienlichsten, jene aus gewöhnlichem Eisen mit Stahlplatte als weniger gut, zusammengeschweisste Hufeisen aus Stahl- und Eisenstäben als die mindest brauchbaren. Je nach Bau und Gang wurden Pantoffel- oder Stolleneisen aufgeschlagen.

Die Abnützung des Stahlbeschlages war eine minimale, die Haltbarkeit eine derart grosse, dass einzelne Reiter Mitte November noch dieselben Eisen im Gebrauche hatten, mit welchen die Pferde in Berlin angelangt waren. Von den im Reitlehrer-Institute beschlagenen Pferden haben 22 das Ziel passirt, 20 hiervon hatten nicht den geringsten Anstand mit dem Beschläge. Auf Anregung des vorgenannten Thierarztes wurden Hufeinlagen (Sohlenschützer) nicht in Gebrauch genommen. In den wenigen Fällen, wo solche benützt wurden, bewährten sich dieselben in keiner Form; übermässige Erhitzung der Hufe, sowie Lockerung der Hufeisen und der Nägel war fast in allen Fällen Folge dieser Hufeinlagen.'

Füttern.

Meistentheils wurde drei Mal am Tage gefüttert, ausnahmsweise vier, auch fünf Mal. Das Durchschnittsquantum des verfütterten Hafers beträgt per Pferd und Tag 8 bis 10 Kilogramm. Heu wurde sehr wenig gereicht, durchschnittlich 1 Kilogramm in der Nachtruhestation. Am Wege war häufig nur junger Hafer erhältlich, welcher Koliken und Durchfall hervorrief. In Nordböhmen und Sachsen gab es fast nur frisches Heu. Robur (Fleischmehl) hat gute Erfolge aufzuweisen (ein Esslöffel voll in ein Futter). Gelbe Rüben, Brod und Zucker wurden sehr häufig gegeben, jedoch mehr als Genussmittel. Coffeïnpillen haben die Lebensgeister angeregt. Cocainpillen erwiesen sich schmerzstillend, doch nervenaufregend.

Tränken.

Es wurde im Allgemeinen sehr oft getränkt. Die meisten Reiter liessen ungefähr alle zwei Stunden Wasser geben. In den grösseren Orten war meist warmes Wasser zum Mengen vorbereitet. Mehltrank wurde häufig gegeben. Bier mit geschnittenem Brod wurde selten gereicht, es hatte in einem Falle sehr guten Erfolg. Wein (leichter Landwein, roth und weiss) mit Brod wurde öfter gegeben; die Reiter lobten die Wirkung. Schwere Weine, sowie Cognac brachten nach flüchtiger Anspannung der Kräfte meist

100

eine nachhaltige Abspannung hervor. Als sehr erfrischend bei müden Pferden war das Einreiben der Schläfe mit Spiritus.

Zwischenfälle.

Bei der Länge des durcheilten Weges kam fast jeder Reiter in die Lage, unvorhergesehenen Schwierigkeiten zu begegnen, welche Aufenthalt oder Verzögerung im Ritte im Gefolge hatten. Krankheitsfälle bei Reiter und Pferd, sowie das Verreiten spielen hierbei die Hauptrolle. In letzterer Beziehung hat insbesondere das Bestreben, dem vielfach sehr schlechten Strassenpflaster der kleinen Städte auszuweichen, die Reiter den richtigen Ortsausgang verfehlen lassen.

Mehrfach kommen Verwundungen der Reiter an den Sehnen oberhalb der Ferse durch den Druck der nach Regen hartgewordenen Stiefelröhre vor; in der Folge stellten sich Sehnenentzündungen ein, welche das Gehen schmerzhaft, das Leichtreiten (Englischtraben) unmöglich machten. Einige Reiter setzten den Ritt ohne Bügel fort.

Bei jenen Reitern, welche mehr als fünf Mal 24 Stunden zur Absolvirung des Rittes gebraucht hatten, reiht sich Unfall an Missgeschick. Z. B. ein Lastwagen wirft Nachts den Reiter sammt dem Pferde in den Strassengraben; hilflos bleibt der Reiter unter dem Pferde durch Stunden liegen; endlich wird der Reiter unter dem Pferde hervorgezogen; Reiter und Pferd sind verletzt, und doch strebt Ersterer vorerst führend, dann reitend dem Ziele zu, das er mit wieder hergestelltem Pferde erreicht.

Einem Zweiten fällt Nachts das Pferd auf die Knie; durch 24 Stunden behandelt und pflegt der Reiter die wunden Stellen; während er, um satteln zu lassen, im Stalle weilt, wird ihm sein ganzes Geld entwendet. Naeh telegraphischer Anweisung von neuen Mitteln zieht er fürbass weiter. Nach anstrengendem Marsche hat sich der Reiter die Fusssohlen derart wund gegangen, dass der Arzt ihn zu Bette schickt. Kaum halb hergestellt, macht er sich neuerdings auf den Weg. Bei einer Rast will er dem Pferde Brod vorschneiden, gleitet mit der Messerklinge ab und durchschneidet sich einen Theil der Hand. Ein Pferd scheute sich, als es an der Hand geführt wurde, vor einem Eisenbahnzuge. Es riss sich los und entlief in der dem Ziele entgegengesetzten Richtung. Nach einstündigem Nachlaufen wird das Pferd eingefangen.

Durch Ueberanstrengung wurde ein Reiter beim Eintreffen in der Nachtruhestation bewusstlos und lag so durch neun Stunden. Ein anderer Reiter liess bei einer kurzen Rast sein warm gewordenes Pferd durch den Hausknecht herumführen. Als der Reiter nach wenigen Minuten wiederkam, sah er, wie das Pferd eben den zweiten Tränkeimer frischen Wassers leerte. Trotz sofortigen scharfen Weiterreitens erkrankte das Pferd heftig und musste einer energischen thierärztlichen Behandlung unterzogen werden. Kräfteverlust beim Pferde war bedeutend, Zeitverlust etwa 20 Stunden.

Müdigkeit, sowie das dringende Bedürfniss nach Schlaf brachten bei einigen Reitern Trugbilder der Phantasie hervor. So war z. B. einer der Reiter, welcher in der herrlichen Mondnacht vom 4. auf den 5. Oktober die Strecke Baruth-Berlin durcheilte, nur sehr schwer davon zu überzeugen, dass er durch keinen Park mit japanischen Kiosken, Wasserfällen und feenhaften Schlössern, wie er gesehen haben wollte, geritten sei, sondern dass er nur einförmigen Föhrenwald drei Stunden hindurch passirt habe. Wiederholt kommt der Fall vor, dass der ermüdete Reiter während des kurzen Momentes, in welchem das Pferd getränkt wird, auf dem Rücken des Thieres einschläft und aufgerüttelt werden muss.

Einer der Bestplacirten griff, um sich des Schlafes zu erwehren, zu dem schmerzhaften Mittel, mit der Gluth der Cigarre sich die Gesichtshaut zu versengen. Im Allgemeinen klagten alle Reiter, welche Alkohol in irgend einer Form während des Rittes zu sich nahmen, über schwer zu bekämpfende Schlafsucht, während jene, welche nur Thee tranken, den Ritt leichter absolvirten.

X.

Die Festlichkeiten

zu Ehren der deutschen Offiziere in Wien.

a) Der Empfang der deutschen Offiziere in der Hofburg.

Der Empfang der beiden preussischen Prinzen beim Kaiser. — Im Ceremoniensaale der Hofburg. — Herzöge und Prinzen. — Dekoration des Saales. — Die
73 deutschen Offiziere und ihre Aufstellung im Saale. — Die Gesandten. —
Frhr. v. Reitzenstein. — Das Aeussere Reitzenstein's. — Die Repräsentanten der
österreichisch-ungarischen Armee.

b) Auf der Holitzscher Jagd und im Staatsgestüt zu Kisber.

c) Die Stallparade im Hofstallgebäude.

Die Theilnehmer an derselben. — Schmückung des Raumes. — Die Vorführung.

d) In der Reitschule des Militär-Reitlehrer-Institutes.

Prämiirung. — Die Toaste.

e) Im Burgtheater.

Die Erschienenen. — Die Vorstellung.

f) Diner im Sacher-Garten.

Die Ausschmückung des Lokals. — An der Tafel. — Toaste. — Das Tischtuch
der Frau Sacher.

Oberleutenant Graf Starhemberg's schwarzbrauner Wallach.

Nach Photographie gezeichnet von E. Köberle.

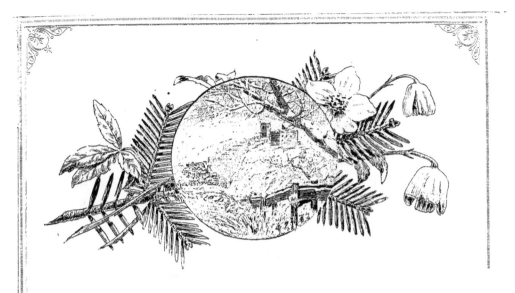

a) Der Empfang der deutschen Offiziere in der Hofburg.

Am 8. Oktober hatte Kaiser Franz Josef bereits die beiden preussischen Prinzen empfangen. Von dem Prinzen Friedrich Leopold, der in Folge der Anstrengungen des Distanzrittes etwas leidend war, liess er sich über dessen Gesundheitszustand ausführlich berichten und rieth ihm wohlwollend ab, an der an demselben Tage stattfindenden Jagd in Holitsch Theil zu nehmen.

Der Prinz leistete auch diesem Rathe Folge.

Tags zuvor war der Prinz beim Erzherzog Albrecht zum Diner eingeladen gewesen, an welchem auch Herzog Albrecht von Württemberg, der Enkel des Marschalls, Theil nahm.

Im Ceremoniensaale der Hofburg fand am nächsten Tage der Empfang der deutschen Offiziere durch den Kaiser statt, wobei Prinz Friedrich Leopold und Herzog Günther von Schleswig-Holstein, die Erzherzöge, sowie die Herzöge und die Würdenträger beider Reiche anwesend waren.

Es war eine ausschliesslich militärische Festversammlung, und unter den österreichisch-ungarischen und deutschen Uniformen, deren glänzende Farbenmannigfaltigkeit den im elektrischen Lichte strahlenden Saal füllte, sah man nur einen einzigen schwarzen Frack, den der bayerische Gesandte Graf Bray trug.

Der Saal war ungemein reich mit Pflanzen und Blumenschmuck dekorirt. Zwischen den Säulen erhoben sich hohe Gruppen von Palmen, Farren und exotischen Gewächsen, unterhalb welcher sich ein Flor von Blumen entfaltete, deren Farbenfülle mit jener der Uniformen wetteiferte. Rings um den Saal waren rothdamastene Sophas und Divans aufgestellt.

Die deutschen Offiziere, die an dem Distanzritt Theil genommen hatten — 73 an der Zahl — wurden durch den deutschen Botschaftsrath Prinzen Ratibor, der den in Weimar weilenden Botschafter vertrat, und durch den Militär-Attaché Oberst v. Deines in den Saal geleitet. Sie stellten sich an der rechten Seite in der Reihenfolge auf, in der sie dem Kaiser vorgestellt werden sollten; zunächst die preussischen Offiziere, nach den Armeekorps und Regimentern, denen sie angehören, geordnet, und zwar zuerst jene des Gardekorps, dann die bayerischen, sächsischen, württembergischen und badischen Offiziere.

An der Spitze dieser Reihe standen die deutschen Offiziere, die als Mitglieder des Komitees für den Distanzritt nach Wien gekommen waren, Oberst Graf August Bismarck und Oberst v. Schaky.

Anwesend waren ferner der sächsische Gesandte Graf Wallwitz in Militäruniform und der bayerische Gesandte Graf Bray.

Der Erste in der Reihe der deutschen Distanzreiter war der Gewinner des österreichischen Kaiserpreises, Frhr. v. Reitzenstein, in Uniform als Premierlieutenant des Gardekürassierregiments.

Aller Augen richteten sich auf den strammen Offizier, dessen feingeschnittenes Gesicht ein martialischer Schnurrbart schmückte, während das dichte dunkle Haar die hohe Stirn mit scharfen Vorsprüngen umrahmte. Er schien sich von den Anstrengungen des Rittes vollständig erholt zu haben.

Man bemerkte unter den deutschen Offizieren mehrere sehr jugendliche Gestalten mit noch bartlosem Gesicht, die erst jüngst in die Armee eingetreten sein mussten.

Alle sahen ungemein elastisch in den knapp anliegenden eleganten Paradeuniformen aus, die durch ihre hellen Farben und den Glanz der Epauletten, Fangschnüre, Borten und Helme von den dunkleren Uniformen der österreichischen Offiziere abstachen.

Man sah da hell- und dunkelblaue Husaren mit Silberverschnürung, mit farbigen Kalpaks und den aus der österreichisch-ungarischen Armee schon lange verschwundenen Säbeltaschen; einer der deutschen Husaren war in bordeaurother Uniform.

Besonders schmuck erschienen die Ulanen mit den zierlichen Czapkas, wie sie früher auch die österreichischen Ulanen getragen haben, ferner die dunklen Kürassiere mit den silberblinkenden Helmen und die hellblauen bayerischen Offiziere.

Um 8 Uhr erschien der Kaiser in der Obersten-Uniform seines Ulanenregiments mit dem Prinzen Friedrich Leopold von Preussen, der die Uniform als Major der Gardes-du-Corps trug, im Saale.

Ihm folgten Erzherzog Karl Ludwig, gleichfalls in der Obersten-Uniform seines Ulanenregiments, mit dem Herzog Günther von Schleswig-Holstein in der Uniform als preussischer Generalstabs-Hauptmann, Erzherzog Albrecht in der Uniform seines Dragonerregiments, die Erzherzöge Wilhelm, Friedrich und Ferdinand, der greise FZM Herzog Wilhelm von Württemberg.

Ferner sah man den jugendlichen Herzog Albrecht von Württemberg, der nebst seinem Adjutanten in der württembergischen dunkelgrünen Ulanen-Uniform mit breitem rothen Brustlatz erschien, Prinz Philipp von Sachsen-Coburg und Prinz Friedrich von Schaumburg-Lippe.

Der Kaiser wurde, als er durch das beiderseits aufgestellte Spalier der Generale und Offiziere schritt, von denselben mit tiefen Verneigungen ehrerbietig begrüsst, während die Kapelle des

Regiments Hoch- und Deutschmeister unter Kapellmeister Ziehrer's Leitung die Ouverture zur Strauss'schen Operette „Eine Nacht in Venedig" zu spielen begann. Der Kaiser blieb in der Mitte des Saales stehen und begrüsste mit leichtem Kopfneigen und freundlicbem Lächeln die Front der deutschen Offiziere, worauf Botschaftsrath Prinz Ratibor sofort mit der Vorstellung derselben begann.

Nach den Mitgliedern des deutschen Komitees kam von den Offizieren, die an dem Distanzritte Theil genommen hatten, als Erster Premierlieutenant Frhr. v. Reitzenstein an die Reihe.

Der Kaiser trat mit huldvollem Wohlwollen auf ihn zu und richtete an ihn ungefähr die folgende Ansprache:

„Ich kenne Sie ja schon lange — Sie bedurften des Distanzrittes nicht, um Ihr Renommé als famoser Reiter festzustellen. Hat Ihnen der Ritt wirklich nicht geschadet? Ich hätte nicht gedacht, dass Sie sich so schnell erholen würden. Ich spreche Ihnen Meine vollste Anerkennung für die wirklich grossartige Leistung aus!"

Ueber die Einzelheiten des Rittes sprach der Kaiser weder mit Frhrn. v. Reitzenstein noch mit irgend einem der anderen deutschen Offiziere. Obwohl Prinz Ratibor dem Kaiser immer zur Seite ging und die Vorstellung leitete, auch die Liste mit Namen, Chargen und Rekords in der Hand hielt, nannte doch jeder Offizier Name und Charge selbst, und der Kaiser befragte sie über den Truppenkörper, bei dem sie dienten, über die Dienstzeit, die sie hinter sich hatten, und den Ort, wo sie in Garnison standen.

Auch die engere Heimath beinahe eines Jeden liess sich der Kaiser angeben. Der Kaiser war sichtlich in sehr günstiger Stimmung und ein wohlwollendes Lächeln belebte seine Züge, als er mit den deutschen Offizieren sprach.

Manchen derselben, besonders den jüngeren, sah man die erwartungsvolle Aufregung an, wenn die Reihe der Vorstellung an sie kam, aber ihre Verlegenheit schwand alsbald vor der freundlichen Art, womit der Kaiser sie anredete. Nachdem die preussischen Offiziere durch Oberst v. Deines vorgestellt worden waren, erfolgte die Vorstellung der bayerischen Offiziere durch Grafen Bray, jene der sächsischen durch Grafen Wallwitz. Dies dauerte fast eine Stunde, und während dieser Zeit sprach der Kaiser zumeist selbst und war unermüdlich in den Anfragen, die er an jeden der Offiziere richtete.

Man erkannte, wenn dieselben abtraten, wie erfreut sie über die Worte des Kaisers waren.

Nachdem die Vorstellung der deutschen Offiziere beendet war, sprach der Kaiser noch eine Zeit lang mit dem Prinzen Ratibor und wendete sich dann der Gruppe der österreichischen Generale und Offiziere zu und richtete an mehrere derselben Ansprachen.

Besonders lange konversirte der Kaiser mit dem erst Tags zuvor aus Budapest in Wien eingetroffenen Reichskriegsminister **FZM** Baron Bauer.

Hierauf wendete sich der Kaiser dem Artillerie-Oberstlieutenant v. Petzer vom Militär-Reitlehrer-Institut zu.

Inzwischen hatten sich die Erzherzöge Albrecht, Wilhelm, Karl Ludwig und Friedrich viele der deutschen Offiziere vorstellen lassen und es entwickelte sich auch bald eine lebhafte Konversation zwischen diesen und den österreichischen Generalen und Offizieren.

Um $1/_2 10$ Uhr verliess der Kaiser mit den Erzherzögen und Prinzen den Zeremoniensaal und auch die militärische Gesellschaft begab sich in die anstossenden Appartements, wo für die Gäste Buffets aufgestellt waren.

b) Auf der Holitscher Jagd und im Staatsgestüt zu Kisber.

Die Jagd, an welcher die deutschen Offiziere in Holitsch Theil nahmen, war eine Parforcejagd auf Hirsche mit der Meute, welche dort für die Frequentanten des Militär-Reitlehrer-Instituts gehalten wurde. Dieselbe verlief ungemein anregend und animirt, obgleich die Meute in Folge des trockenen Wetters schwer die Fährte des Hirsches fand.

Die Jagdgenossen, es waren mehr als hundert, fuhren um 6 Uhr von Wien ab und trafen gegen $1/_2$9 Uhr in Holitsch ein, wo zuerst ein ausgiebiges Frühstück eingenommen wurde.

Der Galopp dauerte mehr als anderthalb Stunden, und es gab eine grosse Anzahl von Hindernissen, bei denen denn auch mehrere Reiter zu Fall kamen. Herzog Günther von Schleswig-Holstein, der ein vorzügliches Pferd aus den Holitscher Ställen ritt, blieb während der ganzen Jagd unter der Führung des Obersten Grafen Auersperg. Nach der Jagd wurde noch. ein Lunch in Holitsch eingenommen, und bei der Rückfahrt waren die Jäger so müde, dass Viele von ihnen die Heimreise schlafend ausführten.

Mittelst Separatzuges der Staatsbahn kamen Mittags ungefähr sechzig deutsche Offiziere, geführt vom Wiener Komitee und dem General-Kavallerie-Inspektor FML Frhrn. v. Gagern, in Kisber an.

Die Herren besichtigten vorerst das Innere des Staatsgestütes, sodann die einzelnen auf den Puszten zerstreut liegenden Fohlenhöfe.

Mit einem Diner im Schlossgebäude schloss die Besichtigung, worauf sich die deutschen Offiziere wieder nach Wien zurückbegaben, wo sie um 12$1/_2$ Uhr Nachts anlangten.

c) Die Stallparade im Hofstallgebäude.

Ein Schauspiel wurde den deutschen Offizieren in Wien geboten, welches nur vor ausgezeichneten Gästen des Hofes veranstaltet wird und als eine ganz besondere Sehenswürdigkeit Wiens doch vielen Wienern selbst unbekannt ist — nämlich eine sogenannte „Stallparade", wie der althergebrachte Ausdruck dafür lautet.

Im Hofstallgebäude vor dem Burgthor wurde eine Auswahl der Reitpferde und der Hofwagen mit Bespannung den deutschen Gästen vorgeführt, für welche als Kavalleristen und Sportsmen dieser in seiner Art einzige Anblick von höchstem Interesse war.

Premierlieutenant Frhr. v. Reitzenstein (4. preuss. Kürassierregiment.)

Nach einer Photographie von H. Schnaebeli in Berlin.

Auch Erzherzog Karl Ludwig und Erzherzogin Marie Therese mit dem Erzherzog Ferdinand wohnten dem anziehenden Schauspiele bei, und die Thore des Hofstallgebäudes waren gastlich für Jedermann geöffnet, doch machte das Publikum nicht sehr zahlreich davon Gebrauch, da die Abhaltung der „Stallparade" nicht öffentlich bekannt gegeben worden war.

Die deutschen Offiziere, die nach 9 Uhr gefahren kamen, wurden im grossen Hofe von dem Oberststallmeister GM Prinzen Rudolph Liechtenstein, dem ersten Stallmeister Oberst v. Berzeviczy und dem Kanzleidirektor des Oberststallmeisteramtes, Hofrath Auer, empfangen und zunächst in die Campagne-Reitschule geleitet.

Die Erzherzogin Marie Therese mit dem Erzherzog Karl Ludwig und Erzherzog Ferdinand hatten in der Loge auf der Galerie der Campagne-Reitschule schon lange Platz genommen, ehe die deutschen Offiziere so weit versammelt waren, dass mit dem Vorreiten der Pferde begonnen werden konnte.

Die beiden Galerien der Reitschule waren dicht besetzt, die obere sowie auch die Estrade darunter von den deutschen Offizieren. Die vier Eingänge der Reitschule waren je mit zwei schwarzgelben, an vergoldeten, mit Kronen geschmückten Stangen befestigten Fahnen verhängt, welche den einzigen Farbenschmuck des sonst im reinsten Weiss gehaltenen riesigen Raumes bildeten.

Es wurden zuerst von Bereitern die Leibpferde des Kaisers vorgeführt, welche von den Kenneraugen der deutschen Reiteroffiziere viel bewundert wurden. In vier Abtheilungen wurden die Leib- und Suitepferde unter der gespannten Aufmerksamkeit der sachverständigen Zuschauer vorgeritten.

Die eigenthümliche Stille der Reitschule ward nur unterbrochen durch den Ruf des ersten Vorreiters, der die Befehle ertheilte: „Trab! Kurzer Galopp! Grosse Tour! Wechselt! Zur Reitschule hinaus!" Die prächtig geschulten Pferde, die alle Gangarten präcis ausführten, boten mit ihren atlasglänzenden Schenkeln und den korrekt ausgestatteten Bereitern einen wunderschönen Anblick.

Zuletzt wurden die „Haflinger aus Meran", zehn Ponys, vorgeführt, welche der Kaiser in gebirgigen Gegenden zur Jagd benützt, prächtige, wohlbeleibte Thiere, die allgemeines Aufsehen erregten. Die Vorführung der Pferde hatte mehr als eine Stunde gedauert.

Inzwischen hatte sich im grossen Hofe ein Zug von elf bespannten Wagen aufgestellt, der sich, nachdem die Mitglieder des Hofes und die deutschen Offiziere die Reitschule verlassen hatten, in Bewegung setzte.

Erzherzog Karl Ludwig, Erzherzogin Marie Therese und Erzherzog Ferdinand sahen dem Schauspiele von der Loggia der Reitschule zu, während die deutschen und österreichischen Offiziere sich in der Mitte des Hofes aufstellten.

Es war ein glänzendes Bild, das sich vor ihren Augen aufrollte — ein historischer Festzug aus Wiens Gegenwart und Vergangenheit.

Das Oberststallmeisteramt zeigte den fremden Gästen, wie die Kaiser von Oesterreich fahren — wie Kaiser Franz Josef fährt, wie Kaiser Franz und Kaiserin Maria Theresia gefahren sind.

Die Gegenwart war durch sechs Wagen repräsentirt, vier für den Privatgebrauch des Kaisers und zwei Staatswagen für feierliche Gelegenheiten. Den Zug eröffnete der mit vier Schimmeln bespannte Phaëton, womit der Kaiser zur Jagd zu fahren pflegt.

In raschem Trabe fuhr der Wagen durch den Hof hin und her, während die übrigen Gespanne der übrigen Wagen in feierliebem Schritt einherzogen, und allgemein wurde die taktmässig gleichartige Bewegung der vier feurigen Schimmel bewundert.

Die beiden Wagen, in denen der Kaiser in Wien zu fahren pflegt, der zweisitzige geschlossene Wagen und die offene Viktoria, die durch ihre vergoldeten Speichen kenntlich sind, lassen die einfache und prunklose Eleganz, womit sich der Kaiser in seinem Privatleben zu umgeben pflegt, erkennen.

Daran schloss sich der zweisitzige Pirutsch, worin man den Kaiser bei der Praterfahrt am 1. Mai sieht — bespannt à la

Daumont mit vier Braunen, die von Jockeys in gelber Livré gelenkt werden, aber gleichfalls von einfacher Noblesse und nur durch die beiderseits an den Schlägen angebrachten prachtvollen Wappen in vergoldeter Bronze ausgezeichnet.

Die beiden vorgeführten Staatswagen zeigten den fremden Gästen Meisterstücke der Wiener Wagenbaukunst mit den vier geschmackvoll verzierten Laternen an den Ecken des mit grossen Spiegelscheiben geschlossenen Kastens und mit hohen Kutschirsitzen, auf deren dunkelgrünem Sammetbehang das kaiserliche Wappen kunstvoll in Gold gestickt ist.

Der eine der Wagen war mit acht Schimmeln, stolzen Thieren von edelster Raçe, bespannt, deren Geschirre eine Last von vergoldeten Ornamenten trugen. Gelenkt wurden sie von einem Kutscher, der in seiner reich galonirten Livré mit dem federgeschmückten Dreispitz höchst stattlich und würdevoll aussah, und durch einen ebenso livrierten Vorreiter auf dem ersten Sattelpferde.

Als zweite Gruppe kamen die Wagen aus der Zeit des Kaisers Franz, zunächst eine zweisitzige „Jagdwurst" mit zwei Schimmeln in Postgeschirr und gelenkt von einem Postillon in der historischen gelben Livré, und dann das zierliche und elegante „Chaiserl", das der Kaiser im Prater oder in Laxenburg selbst zu kutschiren pflegte. Als Staatswagen zwei riesige viersitzige Landauer, deren einer als „Krönungslandauer" bezeichnet ist — der alte Wiener Familienwagen als Staatskarrosse des patriarchalischen Regimes, in hohen Federn hängend und bespannt mit sechs Rappen in goldgeschmücktem Brustgeschirr und mit diademartigen Verzierungen an den Stirnen.

Den Beschluss machte der viersitzige Prinzen-Galawagen aus Maria Theresia's Zeit, ein Rokokobau in Gold und Roth mit geschliffenen Spiegelscheiben und goldbordirtem rothen Sammetdach. Bespannt war dieser Wagen gleichfalls mit sechs Rappen, deren Brustgeschirr mit rothem Sammet überzogen und mit vergoldeten Metallverzierungen bedeckt ist.

Zwei charakteristische Erscheinungen aus alter Zeit waren der Kutscher und der Vorreiter dieses Wagens. Sie trugen die alte spanische Livré, deren Schnitt sich zum Theil in der Tracht der früheren Läufer erhalten hatte: gelbes Kollet, darüber einen schwarzsammetnen Mantel mit goldener Verschnürung und auf den Köpfen über den gepuderten Stutzperrücken Goldbarette mit schwarzen und gelben Federn.

So zogen anderthalb Jahrhunderte der Wiener Hofgeschichte zu Wagen und Pferde an den Zuschauern vorüber, die neben der Pracht der Kutschen besonders die stolze Gangart der Rosse und die Sicherheit ihrer Lenkung bewunderten.

d) In der Reitschule des Militär-Reitlehrer-Instituts.

ie deutschen Theilnehmer am Distanzritt fanden sich am 11. Oktober, Nachmittags 3 Uhr, in dem Militär-Reitlehrer-Institut auf der Landstrasse ein, wo die Preisvertheilung stattfand.

Die Prämiirung fand im Rittersaale statt.

Vormittags waren die Geldpreise in Reichsmark umgewechselt und in originell ausgestattete Täschchen gelegt worden.

Auf einem langen Tische waren die Preise nach ihrem Range geordnet.

Das Ehrengeschenk des Kaisers Franz Josef (an Rittmeister Baron Reitzenstein) war in der Mitte der Tafel, das ziemlich umfangreiche Ehrengeschenk des Kaisers Wilhelm (an den Grafen Starhemberg), welches heute Morgen aus Berlin hier eintraf, auf einer besonderen Etagère ausgestellt.

Nach einer kurzen Ansprache wurde die Preisvertheilung vorgenommen, worauf sich die Herren in den Hof des Instituts begaben und als Gruppe photographirt wurden. Jedem der deutschen Offiziere wurde später ein Bild nach Berlin gesandt.

Zehn Offiziere der deutschen Infanterie waren am 9. Oktober zu Gaste beim Infanterieregimente Hoch- und Deutschmeister No. 4. Mittags um 12 Uhr fuhren die Herren bei der Rennweger Kaserne vor und wurden vom derzeitigen Regiments-Kommandanten Oberst Proschinger und dem Offizierkorps empfangen.

Nach einer kurzen Besichtigung der Kaserne wurden die Gäste in die reich dekorirten Säle der Offiziersmesse geführt, wo bei guter Tafel ein Kameradschaftsfest gefeiert wurde, das bis 7 Uhr Abends dauerte.

Die Regimentskapelle konzertirte dabei unter Ziehrer's Leitung.

Oberst Proschinger sprach folgende Toaste:

„Wir haben das Glück, Offiziere der deutschen Armee in unserem Heim begrüssen zu können. Wo immer Offiziere der deutschen und österreichischen Armee beisammen sind, da ist es vor Allem das Gefühl der Ergebenheit, Hochachtung und Verehrung für unsern allgeliebten und allerhöchsten Kriegsherrn, das uns beseelt und das Herz in der Brust jedes Einzelnen schneller schlagen lässt, und heute, wo wir Offiziere der deutschen Armee begrüssen, möge der erste Jubelruf dem deutschen Kaiser gewidmet sein. Se. Majestät der deutsche Kaiser und König von Preussen lebe hoch! hoch! hoch!

Ausser dem begeisterten Gefühle des Patriotismus ist es noch ein zweites erhebendes Gefühl, welches jeden Offizier bewegt: es ist dies das Gefühl der Kameradschaft, und erst heute, wo wir die Gelegenheit haben, Kameraden der deutschen Armee in unserem Hause zu begrüssen, da fühlen wir es doppelt und gedenken unserer getreuen Kameraden — es sind dies die Offiziere der deutschen Infanterie, die mitgearbeitet, mitgerungen und gesiegt haben in dem kameradschaftlichen Wettkampfe — dem Distanzritte. Diese Herren beglückwünschen wir vor Allem für Ihre schönen Erfolge, die sie erzielt haben. Aber ausser diesem hat dieser Wettkampf etwas anderes gezeigt — wir haben uns gegenseitig achten, schätzen und lieben gelernt! Diesen Offizieren der deutschen Armee, sowie denen, die heute nicht in unserer Mitte sind, bringen wir ein herzliches Hoch!"

Der deutsche Hauptmann v. Lindenau erwiderte:

„Mein hochverehrter Herr Oberst! Gestatten Sie, dass ich Ihnen meinen herzlichsten Dank sage für die überaus freundliche Aufnahme, die wir hier im Kreise der österreichischen Kameraden gefunden haben. Es ist uns eine ganz besondere Ehre, heute in der Mitte eines österreichischen Regiments zu weilen, in dessen Geschichte jede Seite ein Ruhmesblatt ist, das mit Stolz von sich sagen darf: „Nennt man die besten Namen, wird auch der unsere genannt!" Meine Herren! Als vor Monaten durch die deutschen Lande der Ruf zum Ritte nach Wien ging, da duldete es auch uns deutsche Infanterie nicht zu Hause. Es war gewiss nicht das Streben, es den beiden ersten Reiterwaffen der Welt gleichzuthun, sondern uns rief das Herz in den Sattel, wir konnten unsere deutschen Reiter nicht nach Wien eilen sehen, ohne Mitarbeiter zu sein. Die Aufgabe war für uns keine leichte; wenn wir sie trotzdem gelöst, wenn von 14 deutschen Infanteristen, die abritten, 13 das Ziel erreichten, so erfüllt uns das mit gerechtem Stolze. Aber nicht in dem grossen Reitererfolge dieser Oktobertage sehen wir die Bedeutung dieser Unternehmung, sondern darin allein, das dieser Ritt uns Gelegenheit gab, uns wechselseitig näher kennen zu lernen, in's Auge zu schauen und die Hände zu schütteln. Unsere überaus herzliche Aufnahme schreiben wir dem Umstande zu, dass wir nicht als Fremde kommen. Die Truppen, die unter des hochgenialen Prinzen Eugen Führung bei Mohacs, Zenta, Salaukemen ruhmvoll mit einander gefochten, die unter Schwarzenberg's Leitung an der Aube und Seine, bei Leipzig, bis zum Cap Scare in einem Ruhmeszuge geeilt, sie sind alte gute Bekannte, und ihre stolze Vergangenheit verbürgt eine glückliche Zukunft. Was sie bringt, wissen wir nicht, aber das Eine dürfen wir hoffen: Wir werden beiderseits unsere Schuldigkeit thuen, und

Premierlieutenant Frhr. v. Reitzenstein's braune Schecke Lippspringe.

Nach Photographie gezeichnet von E. Köberle.

nichts kann uns dazu mehr begeistern, als der Blick auf Se. Maj. Ihren a. h. Kaiser und König.

Es ist ein Hoch, das aus vollem deutschen Herzen kommt, wenn wir jetzt rufen: Se. Majestät der Kaiser von Oesterreich und König von Ungarn lebe hoch!"

⁕

e) Im Burgtheater.

Bei Beginn des Stückes — man gab das Wittmann-Herzl'sche Lustspiel „Wilddiebe" — wies das Parquet des Burgtheaters starke Lücken auf, denn zahlreiche Sitze in den vorderen Bankreihen waren unbesetzt und blieben es bis zur Mitte des ersten Aktes. Es waren dies die Plätze, welche man für die deutschen Offiziere und die in ihrer Gesellschaft befindlichen österreichischen Kameraden reservirt hatte.

Gegen $1/_2 8$ Uhr trafen die Herren ein und nahmen in den ersten Bänken Platz. In der linksseitigen Hofloge waren Erzherzog Albrecht mit dem Herzog Günther von Schleswig-Holstein erschienen und folgten aufmerksam den Vorgängen auf der Bühne.

Der Saal bot heute einen ungewohnten, festlichen Anblick, das Parquet war weit zahlreicher, als dies sonst der Fall zu sein pflegt, mit Offizieren aller Waffengattungen und Grade besetzt und trug ein vorwiegend militärisches Gepräge.

Die kräftigen Soldatengestalten mit ihren bunten goldverschnürten Uniformen boten ein anziehendes Bild, das die Aufmerksamkeit des Publikums lebhaft fesselte.

Ausser den deutschen Gästen waren anwesend: Generalstabschef **FZM** Baron Beck, Generalmajor Bordolo, Oberst Baron Kraus, Oberst Graf Auersperg, Oberstlieutenant Petzer, Oberst Deines von der deutschen Botschaft und viele Andere.

Nach dem zweiten Akte gingen die Gäste in das Foyer, und fast das ganze Publikum strömte ihnen nach.

Erzherzog Albrecht erschien mit seinem Gast, dem Herzog Günther, gleichfalls im Foyer, sodann in der grossen Hoffestloge und machte den Prinzen auf verschiedene Details in der Ausschmückung der Räume aufmerksam.

Heiterkeit erregte ein Extempore des Herrn Thimig, der, als er im Stücke durch eine dritte Person seinen Schlaf gefährdet sah, bemerkte: „Ich muss mich ausschlafen, ich bin ja kein Distanzreiter." Nach der Vorstellung begaben sich der Herzog Günther von Schleswig-Holstein und der grössere Theil der deutschen Gäste in das Etablissement Ronacher.

f) Diner im Sacher-Garten.

Der Prater lag in tiefe Dunkelheit und wallende Nebel gehüllt, als die ersten Wagen mit den deutschen Offizieren, welche der Einladung ihrer österreichisch-ungarischen Kameraden gefolgt waren, in der Hauptallee erschienen, und beim spärlichen Scheine der Laternen blitzten nacheinander die Pickelhauben und Kürassierhelme auf.

Im Sacher-Garten aber war Alles Glanz und Licht, und als die prächtigen Gestalten der deutschen und österreichischen Offiziere den Wagen entstiegen, boten der elektrisch beleuchtete Garten, die blumen- und teppichgeschmückte Vorhalle den schönsten Hintergrund für ein farbenreiches Bild.

Im Salon, wo der Korpskommandant FZM Frhr. v. Schönfeld die Gäste in Vertretung des Kriegsministers empfing, waren die Büsten des deutschen Kaisers und des Kaisers von Oesterreich in herrlich grünen Pflanzengruppen aufgestellt. Der Speisesaal selbst bot einen überraschenden Anblick.

Nicht hoch, aber ungemein geräumig, erhält er durch die Abtheilung in drei Schiffe einen überaus gemüthlichen Charakter. Heute war der Saal ganz militärisch ausgestattet. Flaggen der verbündeten Reiche schmückten die Wände, hingen mit Reisig festonnirt von der Decke und prangten mit Emblemen an den Pfeilern der Schiffe.

Dieser Flaggenreichthum gab dem Saale etwas Zeltartiges, die Tafel jedoch wahrte ihm den prunkhaften festlichen Charakter.

In Hufeisenform aufgestellt, umgab die grosse Tafel eine kleinere, welche die Mitte des Saales einnahm.

Am oberen Ende, wo die Ehrengäste sassen, war dieselbe am prächtigsten geschmückt.

Der ganze Silberreichthum des Hauses Sacher war hier in Aufsätzen, Vasen, Kandelabern aufgestellt, und trug noch überdies den herrlichsten Blumenschmuck, wie ihn die Dekorationskunst früherer Zeiten nicht kannte. Orchideen, Rosen, Chrysanthemen, Veilchen, Stiefmütterchen und prächtige rothgestreifte Lilien bildeten Sträusse und Polster, hingen in Aesten und Guirlanden herab und schlängelten sich auf dem Schnee des Tischtuches in duftigen Arabesken um die Konfekt- und Fruchtschalen.

Auf dem Mitteltische stand ein ganz aus rosa Lilien geformtes Blumenkissen, auf dem ein riesiger Zweig weisser Kamelien lag, ein Bild unvergleichlicher Frische und Schönheit.

In vergoldeten Körben war Obst aufgeschichtet, das in herrlichen Farben leuchtete. Dazu kam noch der matte Glanz des Silbers, das Glitzern der Gläser und die bunten Farben, welche bei jedem Platze das reizende Menu auf das Tischtuch zeichnete. Es ist ein ganzes Buch, auf dessen Titelblatt die deutschen Offiziere von Berlin und die österreichischen von Wien wegreiten und das mit roth-grün-gelb-schwarz-blau-weissen Bändchen zusammengebunden ist, aus denen man sich die beliebigen in Frage kommenden Landesfarben zusammenstellen kann. Das Büchelchen stammt aus der Druckerei August Reisser, und sein Inhalt wird es den Herren als liebes Andenken in Wien werth machen.

Nach der Liste der Gewinner im Distanzritt kommt das Menu, das wir den Lesern nicht vorenthalten wollen: Potage à la reine und echte Schildkrötensuppe, fruites au bleu, pièce de boeuf, selle d'agneau, Timbales de faisans, Langouste sauce Ravigote (das Prunkstück des Diners und eine Sehenswürdigkeit), dann nach den Granites au Champagne kamen noch Chapons de Styrie truffés, Salade, Compote und Fonds d'artichauts. Bombes glacées, gauffrettes, fruits en corbeille machten den Abschluss.

Als die Herren über die Stufen vom Salon zum Speisesaal herabgestiegen, gab Kapellmeister Ziehrer das Zeichen für die Musik, und unter den reizenden Klängen der Ouverture zu „Mignon" begann die festliche Tafel.

Hundertundsechzig Offiziere, darunter zweiundsiebzig deutsche, nahmen an der Tafel Platz, und zwar sassen am oberen Ende in der Mitte Herzog Günther von Schleswig-Holstein, da Prinz Friedrich Leopold durch Unwohlsein am Kommen verhindert war. Zur Rechten und Linken sassen FZM Frhr. v. Schönfeld und FZM Frhr. v. Beck, die Obersten Rothkirch, v. Schaky, v. Deines und Graf Geldern; an der Innenseite FML Schmidt, Major Graf Bismarck, FML v. Bolfras, Oberstlieutenant Baron Unterrichter, FML Frhr. v. Gagern, Oberstlieutenant Schmeling, FML Merta, Major Schmidt, Pauli und FML Jaeger. Die übrigen deutschen Offiziere nahmen an den Längsseiten der Tafeln abwechselnd mit den österreichischen Platz. Frhr. v. Reitzenstein sass neben dem Oberstlieutenant v. Petzer, und Graf Auersperg, dem ja in erster Linie der Dank dafür gebührt, dass die Wiener Einrichtungen für den Distanzritt so trefflich gelungen sind, hatte sich so gesetzt, dass er bei Bedarf sogleich requirirt werden konnte. Der geschmückte Saal, die festliche Musik, die schmucken Offiziere, sie boten ein prächtiges, stets wechselndes Bild, ob nun im bunten Gewirr des heiteren Gesprächs, oder indem den geistreichen Worten eines Tischredners gelauscht wurde, oder wenn Alle erhoben in feierlicher Stille, das Glas in der Hand, die Klänge der Hymne, die für sie doppelt bedeutungsvoll sind, an ihrem Ohr vorüber rauschen liessen.

Den ersten Toast sprach der Korpskommandant FZM Frhr. v. Schönfeld. Er sagte:

„In Vertretung des Reichs-Kriegsministers, welcher zu seinem lebhaftesten Bedauern durch dringende Amtsgeschäfte verhindert ist, hier den Vorsitz zu übernehmen, gebe ich mir die Ehre, Sie hiermit herzlichst zu begrüssen. Es ist uns heute hier vergönnt, Ihnen den kameradschaftlichen Willkommgruss zu entbieten. Mit dem gespanntesten Interesse haben wir beim Distanzritte die Leistungen beider Theile, hüben und drüben, zu welchen alle Waffen ihr Wollen und Können beigetragen haben, verfolgt; mit dem gleichen sympathischen Interesse, mit welchem wir die deutschen Reiter begrüssten, sind auch in der deutschen Reichshauptstadt unsere Offiziere gefeiert worden. Wir sind getragen und durchdrungen von dem Bewusstsein, dass diese gegenseitige Begegnung auch jene Bande fester knüpft, welche durch den Willen unserer a. h. Souveräne und Kriegsherren diese beiden Heere bereits verbindet. Unter Gutheissung unserer Kriegsherren hat dieser Wettkampf stattgefunden und einen glänzenden Abschluss gefunden. Wir sind beglückt durch die a. h. Huld, welche unser Streben gefördert hat, und wir folgen da einem alten Soldatenbrauche, wenn wir uns bei jeder festlichen Gelegenheit Derer erinnern, denen wir unverbrüchlichen Gehorsam geschworen und Treue bis in den Tod. Ich glaube, im Namen der anwesenden Vertreter der k. und k. österreichisch-ungarischen Armee unsere verehrten Kameraden des deutschen Heeres nicht besser ehren zu können, als, indem wir das erste Glas widmen Sr. Majestät dem deutschen Kaiser und König von Preussen Wilhelm II., des Deutschen Reiches obersten Feldherrn, Ihren Königlichen Majestäten und regierenden Hoheiten, des deutschen Reiches Bundesfürsten. Ihnen Allen ein kräftiges und herzliches dreifaches Hoch!“ (Stürmische Hochrufe ertönten nun und die Kapelle stimmte das „Heil Dir im Siegerkranz“ an.) Dann sprach Herzog Günther zu Schleswig-Holstein:

„Ich erlaube mir im Namen meiner deutschen Kameraden für die überaus ehrenvollen Worte Eurer Excellenz meinen herzlichsten Dank zu sagen. Jedem von uns, der den Distanzritt mitgemacht, wird die liebenswürdige Aufnahme, die er gefunden, sobald er österreichischen Boden betreten, für alle Zeiten lebendig in Erinnerung bleiben. Ich bin überzeugt, dass diese herzliche Aufnahme der deutschen Offiziere in allen deutschen Landen den kräftigsten Wiederhall finden und uns Bundesgenossen noch enger zusammenschliessen wird, als dies bisher der Fall war. Wir können unsere Dankbarkeit nicht besser zum Ausdruck bringen, als indem wir das Glas erheben, um es Sr. Majestät dem Kaiser Franz Joseph zu weihen, der als ein leuchtendes Beispiel aller Tugenden, ganz besonders der militärischen, dasteht. Se. Majestät der Kaiser von Oesterreich und Ungarn lebe hoch!" (In stürmischer Weise wurde auch dieser Trinkspruch akklamirt, während die Klänge der Volkshymne ertönten.)

Der Generalstabschef **FZM** Frhr. v. Beck nahm nun das Wort. Er begann:

„Es ist ein seltenes Fest, welches uns hier vereint und eine grosse Freude und Ehre für uns, die Herren deutschen Kameraden in unserer Mitte begrüssen zu können. Unsere Freude über Ihren Besuch und unsere Gefühle warmer Kameradschaft für Sie, meine Herren, sind um so lebhafter, als Sie einer Armee angehören, die mit uns durch enge Bande verknüpft ist, einer Armee, die durch ihre glänzende Tapferkeit höchsten Ruhm und unbestrittenste Anerkennung erworben hat. Auf diese Armee, die in so glänzender Weise hier vertreten ist, erhebe ich mein Glas. Die tapfere, glorreiche deutsche Armee und ihre Angehörigen, unsere deutschen Kameraden, sie leben hoch!" — (Der Toast fand jubelnde Akklamation und in herzlichster Weise stiessen die deutschen und die österreichisch-ungarischen Offiziere mit einander an.)

Oberlieutenant v. Miklós (16. österr.-ungar. Husarenregiment.)

Nach einer Photographie von Jul. Braatz in Berlin.

Auf diesen Toast erwiderte der deutsche Oberst Freiherr v. Schaky:

„Ich sage Ihnen unseren tiefgefühlten und verbindlichsten Dank für Ihre uns hoch ehrende Gesinnung. Ich spreche im Namen sämmtlicher deutscher Offiziere, wenn ich Ihnen sage, dass wir fest entschlossen sind, die treue Kameradschaft aufrecht zu erhalten und das Band zwischen unseren Armeen immer enger zu knüpfen, wie jetzt im friedlichen Wettstreite, ebenso dereinst, wenn unsere a. h. Kriegsherrn zu ernster That rufen sollten. Um diese unsere kameradschaftlichen Gesinnungen zum Ausdrucke zu bringen und zu bekräftigen, bitte ich die deutschen Kameraden, mit mir in den Ruf einzustimmen: „Die glorreiche k. und k. österreichisch-ungarische Armee mit ihren herrlichen Traditionen sie lebe hoch!" (Brausender Beifall folgte diesen Worten und vermengte sich mit den Klängen des Radetzkymarsches.)

FML Frhr. v. Gagern pries dann in kernigen Worten die Leistungen der deutschen Distanzreiter, die ein glänzendes Beispiel von Tüchtigkeit und Energie gegeben hätten und sagte: „Wir freuen uns, Sie hier Aug' in Aug' zu sehen und Sie durch mehrere Tage kennen gelernt zu haben, der Kitt wahrer Waffenbruderschaft wird hierdurch nur fester werden. Wir sind berufen, einst Schulter an Schulter zu marschiren, um mit vereinten Kräften, wenn der Himmel uns gnädig ist, den Feind zu schlagen und ihn zu zermalmen".

Frhr. v. Gagern erhob sein Glas auf den Prinzen Friedrich Leopold von Preussen, den Herzog Günther zu Schleswig-Holstein, den Premierlieutenant Frhrn. v. Reitzenstein und die übrigen deutschen Distanzreiter. (Hochrufe.)

Der deutsche Oberst v. Rothkirch toastete nun auf den General-Kavallerie-Inspektor FML Frhrn. v. Gagern und den Obersten Grafen Auersperg, den Kommandanten des Militär-Reitlehrer-Instituts, der deutsche Militär-Attaché Oberst v. Deines auf das Pferd, den treuen Kameraden des Kavalleristen, Oberst

Graf Geldern auf die Frauen Wiens. Bis nach Mitternacht blieb die Gesellschaft in heiterer Unterhaltung vereint.

Eine hübsche Episode des Abends war ein von Frau Eduard Sacher ausgedachter Scherz, auf den die deutschen Offiziere bereitwilligst eingingen. Frau Sacher hatte ein Tischtuch auf eine grosse Holztafel spannen lassen und in der Mitte eine auf den Distanzritt bezügliche Inschrift und Skizze, zwei Distanzreiter darstellend, angebracht. Frau Sacher lud nun die anwesenden deutschen und österreichischen Offiziere ein, ihre Namen auf die breite Bordure des Tischtuches zu schreiben, zu welchem Zwecke fein gespitzte Bleistifte bereit lagen. Mit heiterer Bereitwilligkeit kamen die Herren dieser Einladung nach. Ringsumher schmücken nun die sämmtlichen Unterschriften der Distanzreiter und des Komitee's — alle kühn und charakteristisch, wie es sich für Reiteroffiziere ziemt — die Bordure des Tischtuches. Frau Sacher wird diese Unterschriften in verschiedenen Farben genau nach den Schriftzügen sticken und dürfte voraussichtlich um dieses dauernde Andenken an den Distanzritt vielfach beneidet werden.

XI.

Beim Empfang des deutschen Kaisers.

Am Nordbahnhof. — Auf der Strasse. — Kaiser Franz Josef. — Die deutschen Offiziere am Bahnhof. — Das bunte Bild der Uniformen. — Der Kaiser kommt! — Herzliche Begrüssung der Monarchen. — Reitzensteins Ernennung. — Abfahrt der beiden Kaiser.

Bekanntlich wurde dem deutschen Kaiser bei seiner Ankunft in Wien ein glänzender und grossartiger Empfang bereitet, der namentlich von Seite der Bevölkerung Wiens eine ganz unvorbereitete Kundgebung darstellte. Auf dem Nordbahnhofe, wo Kaiser Wilhelm vom Kaiser Franz Josef, den Erzherzögen und den deutschen Prinzen empfangen und begrüsst wurde, war ein militärisches Gepränge entfaltet, wie es noch nie bei der Ankunft eines Monarchen zu sehen war, indem sich nebst den österreichischen Würdenträgern, Generalen und Offizieren auch die Mitglieder der deutschen Botschaft und die beim Distanzritt nach Wien gekommenen deutschen Offiziere in vollster militärischer Gala eingefunden hatten. In den Strassen, durch welche dann die beiden Kaiser vom Nordbahnhofe nach Schönbrunn fuhren, begann das Publikum schon um 11 Uhr ein Spalier zu bilden.

Kaiser Franz Josef wurde schon bei der Fahrt zum Bahnhofe vom Publikum lebhaft begrüsst. Er trug die Oberstenuniform des preussischen Kaiser Franz-Garde-Infanterieregiments mit dem Bande des Schwarzen Adler-Ordens.

Auf dem Perron des Bahnhofes nahm um 11 Uhr eine Ehrenkompagnie des Infanterieregiments Hoch- und Deutschmeister Nr. 4 Aufstellung. Am rechten Flügel der Kompagnie standen der Regimentskommandant Oberst v. Guggenberg, der Brigadier GM Hirsch, der Divisionär FML Jäger und in Vertretung der Korpskommandanten der FML Kovacs v. Mad. Vor dem Hofsalon standen die dem deutschen Kaiser zur Ehrendienstleistung zugetheilten Herren. Zunächst denselben in einer Gruppe die Mitglieder des Wiener Distanzrittkomitees mit dem FML Frhrn. v. Gagern, dem GM v. Bothmer und Obersten Graf Auersperg. Im Hofsalon hatten sich die Erzherzöge Karl Ludwig Franz Ferdinand von Oesterreich-Este, Ferdinand, Albrecht, Wilhelm, Rainer, Friedrich, ferner Prinz Philipp von Koburg, Prinz Friédrich Leopold von Preussen, Herzog Günther zu Schleswig-Holstein, Prinz von Lippe-Schaumburg, der deutsche Botschafter Prinz Reuss mit den Mitgliedern der Botschaft, der Bürgermeister Dr. Prix, der Statthalter Graf Kielmannsegg und der Polizeipräsident von Stejskal eingefunden.

Die Erzherzöge Karl Ludwig, Albrecht und Wilhelm trugen die Uniformen jener preussischen Regimenter, deren Inhaber sie sind, und die Grosskreuze ihrer preussischen Orden mit den Bändern. Vor dem Hofsalon erwarteten der Präsident und Vicepräsident der Nordbahn-Gesellschaft, Markgraf Pallavicini und Graf Boos-Waldeck, die Ankunft des Kaisers.

Die aus Anlass des Distanzrittes in Wien weilenden deutschen Offiziere waren zum Empfange ihres Kaisers auf den Bahnhof befohlen worden, da dies die einzige Gelegenheit war, bei welcher Kaiser Wilhelm sie versammelt sehen konnte, indem die Offiziere sich von Wien aus über Dresden in ihre Garnisonen zurückbegeben wollten. Sie erschienen in vollster Gala, welche ein Bild reichsten militärischen Glanzes und Prunkes bietet, während sie vorgestern zu dem Empfange bei Hofe die für den Salon bestimmte Paradeuniform angelegt hatten, die einen minder kriegerischen Eindruck macht. Heute trugen die Gardes-du-Corps ihre silbernen Helme mit dem Adler auf der Spitze, von den Helmen, Pickelhauben und Czapkas wehten die flatternden weissen und schwarzen Rossbüsche;

Oberlieutenant v. Miklós braune Stute Marcsa.

Nach Photographie gezeichnet von E. Köberle.

die Reiteroffiziere hatten die glänzenden Stulpenstiefel, die Kürassiere die knappen weissen Lederhosen angelegt; die Hola wurde durch die Feldbinden und durch die Cartouchen der Ulanen und Husaren vervollständigt. Die Ulanen trugen heute auch die Uniformen mit dem breiten weissen, rothen oder gelben Brustlatz. Der Botschafter Prinz Reuss trug die preussische Generalsuniform mit dem Bande des Ordens der Eisernen Krone, Prinz Ratibor die Dragoner- uniform und Prinz Lichnowsky die rothe Garde-Husarenuniform.

Besonders bewundert wurden die Gardes-du-Corps in ihrer romantisch-ritterlichen Erscheinung und die rothen Husaren in ihrer Farbenpracht. Graf Geldern-Egmond, der Oberst des ersten Leibhusarenregiments, eine echte Reitergestalt, trug die schwarze mit Silber verschnürte Uniform dieses Regiments und am Kalpak den grossen silbernen Todtenkopf; diesen eigenthümlichen historischen Schmuck sah man auch an den Kalpaks noch mehrerer deutscher Husarenoffiziere. Premierlieutenant Frhr. v. Reitzenstein trug die weisse Kürassieruniform. Die deutschen Offiziere stellten sich in einer langen Reihe auf dem Perron auf, zuerst die Preussen, dann gegen den rechten Flügel zu Bayern, Sachsen und Württemberger.

Kaiser Franz Josef fuhr wenige Minuten nach 1/2 12 Uhr vor dem Bahnhofe vor, begab sich sofort in den Hofwartesalon, begrüsste dort die Herren Erzherzöge und Würdenträger, reichte mit einigen verbindlichen Worten dem Prinzen Reuss die Hand und schritt sodann, gefolgt von den Herren Erzherzögen, auf den Perron. Unter den Klängen der Volkshymne schritt der Kaiser die Front der Ehrenkompagnie ab und unterhielt sich hierauf mit den zum Empfange erschienenen Herren. Hierbei wurden auch mehrere deutsche Offiziere, darunter Premierlieutenant v. Reitzenstein, durch Ansprachen ausgezeichnet.

Fünf Minuten vor 12 Uhr fuhr der deutsche Hofzug in die Halle ein. Die Kapelle intonirte das „Heil Dir im Siegerkranz", die österreichischen und deutschen Generale und Offiziere salutirten. Man sah Kaiser Wilhelm in der Obersten-Uniform seines österreichischen Husarenregiments mit dem grünen Bande des Stephans-ordens am Fenster des Salonwagens stehen, in strammer Haltung und die Hand salutirend am Kalpak. Als der Zug hielt, verliess Kaiser Wilhelm das Coupé und eilte auf Kaiser Franz Josef zu; die beiden Kaiser umarmten und küssten einander zweimal. Hierauf um-armte und küsste der deutsche Kaiser Erzherzog Karl Ludwig, sowie dessen beide Söhne und reichte dann den übrigen Erzherzögen die Hand.

Nachdem die Vorstellung der österreichischen Generale und Würdenträger erfolgt war, schritt Kaiser Wilhelm, begleitet vom Botschafter Prinzen Reuss und dem Flügel-Adjutanten Oberst v. Kessel, die Front der deutschen Offiziere ab, die salutirend dastanden. Der Kaiser begrüsste seine Offiziere mit sichtlicher Freude und richtete an mehrere derselben längere An-sprachen. Einer der Ersten, an den er sich wendete, war Premier-lieutenant Frhr. v. Reitzenstein. Kaiser Wilhelm sagte zu ihm: „Ich spreche Ihnen meine vollste Anerkennung aus; es freut mich, Sie bei meiner Ankunft hier zu sehen und Ihnen mittheilen zu können, dass ich Sie zum Ritt-meister ernannt habe".

Nachdem er die ganze Front abgeschritten hatte, verfügte sich Kaiser Wilhelm in den Hofsalon, woselbst er die Vorstellung und Begrüssung der ihm zur Dienstleistung zugetheilten Herren, dann des Bürgermeisters, Statthalters und Polizeipräsidenten entgegennahm.

Mit dem Bürgermeister Dr. Prix sprach Kaiser Wilhelm über die günstigen Gesundheitsverhältnisse von Wien und Berlin, wobei er sich über die sanitären Einrichtungen in Wien sehr lobend aussprach.

Hierauf bestiegen die beiden Kaiser den offenen Wagen und wurden, als sie aus dem Bahnhofe fuhren, vom Publikum alsbald mit stürmischen Hochrufen begrüsst.

XII.

Die Festlichkeiten in Berlin.

a) Die Liebesmahle in Potsdam.

Eintreffen der österreichischen Distanzreiter. — Vorführung der Remonten. — Die Offizierstafeln. — Der Toast des Oberst v. Bissing und des Oberst Schaffgotsch. — Beim 1. Garderegiment z. F. —

b) Besichtigung der österreichischen Pferde.

In der neuen Reitbahn des Berliner Tattersalls. — 30 Distanzreiter. — v. Miklós und Graf Starhemberg. — Vertheilung der Geldpreise.

c) Die Parforcejagd im Grunewald.

Die Berliner im Grunewald. — Eintreffen der Reiter. — Die Jagd selbst. — Halali.

d) Die Tafel im Neuen Palais.

In der Jaspisgallerie. — Der Kaiser. — Das Geschenk Kaiser Wilhelms. — Musik auf der Terrasse. — Auf das Wohl des Kaisers Franz Josef. — Zapfenstreich.

e) Das Rennen zu Westend.

Abfahrt vom Kaiserhof. — Begrüssung durch den Generalmajor v. Podbielski. — Die einzelnen Rennen. — Starhemberg im Mittelpunkt.

f) Die Liebesmahle bei dem Gardekürassier- und 2. Dragonerregiment.

Ehrengäste des Mahles. — Begrüssung durch Prinz Reuss. — Die deutsche Nationalhymne.

a) Die Liebesmahle in Potsdam.

Die österreichischen Distanzreiter trafen als Gäste der Offizierkorps des 1. Garderegiments z. F. und der Gardes-du-Corps am 7. Oktober Nachmittags $3^1/_2$ Uhr auf dem Bahnhof in Potsdam ein, empfangen von den Offizieren der genannten Regimenter.

Sie wurden direkt vom Bahnhof durch die Stadt Potsdam, von deren Bevölkerung sie sympathisch begrüsst wurden, nach der Kaserne der dritten Eskadron der Gardes-du-Corps vor dem Brandenburger Thor geleitet.

Hier empfing sie der Kommandeur des Regiments, Flügeladjutant und Oberst Frhr. v. Bissing, umgeben von den Offizieren des Regiments, und lud sie zu einer Besichtigung der jungen und alten Remonten des Regiments ein. Die Besichtigung fand auf dem Reitplatz hinter der Kaserne der dritten Eskadron statt. Die jungen Remonten wurden von Mannschaften in Mützen vorgeführt, die älteren Abtheilungen von Mannschaften im Ordonnanzanzuge.

Zuletzt wurde den Gästen eine Abtheilung der Gardes-du-Corps feldmarschmässig und im Paradeanzug in gelben und schwarzen Kürassen gezeigt.

Die österreichischen Herren interessiren sich lebhaft für das Vorgeführte, namentlich erregte das Aussehen der Mannschaften und das Pferdematerial ihre Adjustirung, sowie die kavalleristische Durchbildung Beider allgemeine Bewunderung. Die jüngsten Remonten wurden ihnen an der Hand ohne Reiter vorgeführt.

Die Offizierkorps der betheiligten Regimenter theilten sich in die österreichischen Gäste.

Der eine Theil speiste in der Speiseanstalt des Offizierkorps der Gardes-du-Corps, der andere beim 1. Garderegiment z. F.

Veranlasst durch einen Umbau des Regimentshauses in der Mammonstrasse, hat seit diesem Sommer das Offizierkorps dieses Infanterieregimentes seine Speiseanstalt nach dem Zivilkasino in der Waisenstrasse verlegen müssen, und hier in den noch von Schinkel erbauten herrlichen Sälen bewirthete es auch die österreichischen Kameraden.

Der andere Theil der Gäste bei den Gardes-du-Corps war darin glücklicher. Die alte Speiseanstalt der Offiziere am Kellerthor ist vor mehreren Jahren umgebaut und vollständig neu eingerichtet worden, wobei die Kleinodien des Regiments in Bildern, Büsten, in Geschenken der allerhöchsten Chefs zu neuer glänzender Erscheinung kamen. Die Tafel war in dem grossen Speisesaal errichtet, der mit den Wappen sämmtlicher Offiziere, von der Stiftung des Regiments an, geziert ist. Auf der Tafel erhob sich all das Silbergeräth, an dem das Offizierkorps so reich ist — Geschenke aus königlicher Hand, Geschenke auch von früheren Offizieren.

Die schönsten Stücke sind die grossen silbernen Bowlen in Form der Kesselpauken des Regiments mit den silbernen Gehängen, welche der hochselige Kaiser Wilhelm in seinen letzten Lebensjahren dem Offizierkorps des Regiments zum Geschenk gemacht hatte.

Um die Tafel reihten sich in bunter Reihe die direkten Vorgesetzten des Regiments, die Herren des Komitees, an ihrer Spitze Generallieutenant v. Krosigk, der Führer der fremden Offiziere, Rittmeister v. Keszycki, und sämmtliche Offiziere des Regiments.

Lieutenant Höfer. (11. österr.-ungar. Dragonerregiment.)

Nach einer Photographie von J. C. Hodek in Krems a. D.

Die Stimmung, befördert von den schmetternden Rhythmen des Trompeterchors, in dessen Programm österreichische Märsche und Lieder vertreten waren, ging während der Tafel hoch und erreichte ihren höchsten Grad, als Oberst Frhr. v. Bissing sich erhob und den ersten Trinkspruch auf Kaiser Wilhelm und Kaiser Franz Josef ausbrachte.

Es sei eine Gepflogenheit in diesen Räumen des Kasinos des nunmehr länger als 150 Jahre bestehenden Regiments der Gardes-du-Corps, dass allein der jeweilige Kommandeur dem Kaiser und König, zugleich dem erlauchten Chef des Regiments, ein Hoch ausbringen dürfe; mit diesem Hoch wolle er jenes auf den verbündeten Monarchen des Kaisers und Königs, Se. Majestät den Kaiser von Oesterreich und König von Ungarn, vereinen. Beiden Monarchen sei zu verdanken, dass das schneidige kavalleristische Unternehmen des Distanzrittes eine so glänzende Bethätigung gefunden habe. Er freue sich, die österreichisch-ungarischen Herren Kameraden, die eine so ausgezeichnete Tüchtigkeit bewiesen hätten, heute begrüssen zu können.

Oberst Frhr. v. Bissing wies weiter auf die Stärkung der Kameradschaft zwischen den beiden Armeen durch den Distanzritt hin und gab in zündenden Worten der festen Zuversicht Ausdruck, dass, wie sich in dieser Friedensübung die Kameradschaft bethätigt habe, dieselbe sich auch im Ernstfalle bewähren werde. Für Kaiser und Heer, für Recht und Vaterland, zum Ruhme und zur Ehre gemeinsam zu streiten und, wenn es sein soll, zu sterben.

In diesem Sinne bringe er den verbündeten beiden Monarchen, zugleich als den erlauchten Vertretern der Tüchtigkeit und unauflösbaren Kameradschaft beider Armeen und in diesen Monarchen den Armeen gleichsam selbst ein dreifaches Hoch!

In äusserst sympathischer Weise wurde der Toast von dem unter den anwesenden österreichisch-ungarischen Offizieren im höchsten Range stehenden Offizier, dem Obersten Schaffgotsch beantwortet, der auch den Kommandeur und die Offiziere des Regiments Gardes-du-Corps leben liess.

Es lag wohl in dem Anlasse des Mahles, dass in den gegenseitigen Reden leise politische Anklänge auf gegenseitige Waffenbrüderschaft nicht zu vermeiden waren. Von diesem Geiste war, wie es den Anschein hatte, das ganze Fest beseelt und blieb es auch bis tief in den Abend hinein, wo sich die ganze Gesellschaft mit dem Trompeterchor voran in Bewegung setzte und durch die Strassen der Stadt Potsdam hindurch nach der Speiseanstalt der Offiziere des ersten Garderegiments zu Fuss nach dem Zivilkasino zog, von dessen Dachfirst die schwarz-gelbe Flagge, die österreichischen Farben an Seite der preussischen schwarz-weissen wehte.

Die grössere Hälfte der österreichischen Distanzreiter — gegen vierzig — war bei dem 1. Garderegiment z. F. zu Gast.

Als Stellvertreter des Kommandeurs trank Frhr. v. Egloffstein auf das Wohl des deutschen Kaisers und seines hohen Verbündeten, des Kaisers Franz Josef von Oesterreich-Ungarn. Nach ihm toastete ein österreichischer Rittmeister auf die deutschen Reiter. Diesem Trinkspruche folgte ein weiterer auf die österreichisch-ungarischen Distanzreiter.

In deren Namen antwortete dankend Frhr. v. Steininger. Diese verschiedenen Trinksprüche hinüber und herüber, besonders zuletzt, als nach der Ankunft der Garde-du-Corps-Gäste neue Büffets errichtet wurden, der Trinkspruch des stellvertretenden Regiments-Kommandeurs Frhrn. v. Egloffstein auf sämmtliche österreichisch-ungarischen Gäste, hatten eine zündende Wirkung und bis tief in den Abend hinein schwang zwischen den Angehörigen beider verbündeten Armeen Fidelitas ihr Panier.

Unendliche Heiterkeit verbreitete ein launiges Gedicht des Hauptmanns v. Helldorf, das nach einer Wiener Melodie bei der Abendtafel gesungen wurde.

b) Besichtigung der österreichischen Pferde.

ie Besichtigung der am Distanzritt betheiligt gewesenen österreichisch-ungarischen Pferde hatte ein glänzendes Publikum in der neuen Reitbahn des Berliner Tattersall versammelt.

Der Balkon über dem grossen Spiegel war mit einem kostbaren Baldachin überdacht und mit Guirlanden, deutschen und österreichisch-ungarischen Wappenschildern und Flaggen in den Farben der befreundeten Reiche geschmückt.

Auch die Büsten der beiden Monarchen, des Kaisers Franz Josef und des Kaisers Wilhelm II. hatten hier auf reichen Postamenten Aufstellung gefunden.

Das deutsche Komitee des Distanzrittes Berlin-Wien, an der Spitze die Herren Generale v. Krosigk und v. Rosenberg, Oberst v. Bissing und Major Graf Schaffgotsch, hatte auf der gegenüberliegenden Galerie Platz genommen, die rings umher mit Offizieren aller Waffengattungen und zahlreichen Kavaliersdamen gefüllt war.

Punkt 9 Uhr erschienen etwa 30 Reiter auf ihren beim Distanzritt benutzten Pferde in der Bahn, unter ihnen Major Heinrich Edler v. Chitry vom 34. Infanterieregiment, den ihm aus Anlass des gestrigen Hoffestes verliehenen Rothen Adler-Orden dritter Klasse auf der Brust, und Herr v. Miklós, während Graf Starhemberg, der eine prächtige braune Stute ritt, sich erst später an der Vorführung betheiligte. Auch auf seiner Brust prangte eine preussische Dekoration, der Rothe Adler-Orden vierter Klasse, durch den Se. Majestät der Kaiser den kühnen Reiter auszuzeichnen geruhte. Die Herren führten zunächst unter den Klängen der Musik ihre anscheinend wieder vollkommen frischen Thiere in den verschiedenen Gangarten vor.

Herr Rittmeister Haller hat denn auch den Konditionspreis von 5000 M. davongetragen. Als hierauf eine Hürde in der Bahn aufgestellt wurde, refusirten die meisten Pferde anfangs, nahmen sie aber schliesslich fast sämmtlich, zum Theil sogar in ausgezeichneter Weise. Nach Beendigung der Besichtigung, gegen $\frac{1}{2}$10 Uhr, wurden in einem der Vorstandszimmer neben der alten Reitbahn die Geldpreise durch den Vorsitzenden des Komitees, Herrn Oberst v. Bissing, vertheilt und zwar ohne besondere Feierlichkeiten.

c) Die Parforcejagd im Grunewald.

Hunderte von Berlinern hatten sich trotz des trüben Herbsttages bereits zu früher Morgenstunde um das Jagdschloss Grunewald gelagert.

Gegen 1 Uhr klärte sich der Himmel und die ersten Reiter erschienen auf dem abgesperrten Hofe des Jagdschlosses.

Auf dem Schlosshofe war unter freiem Himmel die Frühstückstafel aufgestellt worden, daneben das Musikchor der Gardeschützen.

Die grosse Mehrzahl der theilnehmenden Herren erschien in Uniform, den rothen Frack fand man nur vereinzelt vertreten.

Pünktlich um 1$\frac{1}{4}$ Uhr erschienen in denselben von Postillonen à la Daumont geführten Mailcoach, die gelegentlich des Rennens auf Westend benutzt worden war, die österreichisch-ungarischen Offiziere, und das Musikchor liess die St. Hubertusfanfare ertönen.

Die Begrüssung der Gäste durch die diesseitigen Offiziere war eine überaus herzliche.

Graf Starhemberg hatte den ihm vom Kaiser verliehenen Rothen Adler-Orden angelegt.

Während des Frühstücks führte der Oberpiqueur Palm mit den Piqueuren Hermke und Pielemann die aus 25 Koppeln bestehende Meute unter den Klängen der italienischen Fanfara in den Schlosshof.

Um 2 Uhr schwangen sich 201 Herren und der elfjährige Sohn Otto des Majors v. Mitzlaff in die Sättel. Die ganze malerische Gruppe wurde durch die Photographen Selle und Kuntze aus Potsdam aufgenommen und das Feld rückte unter den Klängen der Militärkapelle „Frisch auf zum fröhlichen Jagen", die Meute voran, im Trabe nach dem Grunewald ab. Es sollte ein vierjähriges Hauptschwein eingelegt werden.

Der Keiler wurde im Jagen 114 angelegt und nahm die Richtung direkt auf die Saubucht zu, schwenkte dann nach rechts ab und durchkreuzte die Jagen 38, 139 und 140. Zehn Minuten nach dem Anlegen des Keilers gab die Meute lang Hals und das Feld folgte in sehr scharfer Gangart. Dicht bei Gadow nahm das Wild die Havel an. Im Wasser wurde der Keiler von dem Rittmeister v. Klitzing vom Garde-Husarenregiment ausgehoben und der Oberst v. Kotze vom elften österreichischen Husarenregiment gab den Fang. Nach dem Halali vertheilte Graf zu Dohna die Brüche. Fünf Minuten vor vier Uhr war das Feld wieder in den Schlosshof zurückgekehrt. Die Jagd hatte genau vierzig Minuten gedauert.

d) Die Tafel im Neuen Palais.

Nachdem die Ehrungen für die österreichischen Distanzreiter von Seiten der Berliner und Potsdamer Regimenter in den Tagen, in denen der Kaiser sich in Weimar befand, vor sich gegangen waren, bot sich demselben die einzige Gelegenheit, die österreichischen Herren sehen und begrüssen zu können, bei der Tafel, die den kühnen Reitern zu Ehren im Neuen Palais stattfand.

Die österreichischen Offiziere, welche am Mittag schon an der Schleppjagd Theil genommen hatten, fuhren in königlichen Equipagen gegen 6 Uhr im Sandhof vor und traten in die Jaspisgallerie ein, in der heller Kerzenglanz von den Spiegeln und der Marmor- und Jaspisbekleidung der Wände strahlend reflektirte.

Zunächst dem Obersten v. Steininger standen die öster-reichischen Majors Graf Schaffgotsch und Frhr. v. Baillon, dann weiter im Haken die Oberlieutenants Graf Starhemberg und Miklós, die Lieutenants Höfer, Chavossy und die übrigen Sieger, geordnet nach ihrem Rekord.

Um die festgesetzte Stunde erschien vom Muschelsaale her, unter Vortritt des Ober-Hof- und Hausmarschalls Grafen Eulen-burg, Sr. Majestät der Kaiser, mit ihm der Kronprinz und die Prinzen Fritz und Adalbert.

Oberst Frhr. v. Steininger übernahm die Vorstellung der österreichischen Herren.

Der Kaiser richtete einige Worte an die Herren und reichte jedem der Offiziere die Hand. Ebenso thaten der Kronprinz und die Prinzen Fritz und Adalbert.

Lebhaft sprach der Kaiser mit dem Grafen Starhemberg und Herrn v. Miklós, ging die Reihe der Sieger hindurch und wandte sich dann zu den anderen Theilnehmern am Distanzritt.

Als der Cercle beendet war, holte der Ober-Hof- und Haus-marschall Graf Eulenburg den Grafen Starhemberg herbei und geleitete ihn zu einem kleinen Tische, der vor dem Kamin stand.

Hier war ein Kleinod der Kunst aufgestellt. Auf doppelter Basis von grünlichem und röthlichem Marmor erhob sich auf einem reich in Gold und Silber ornamentirten Postamente die silberne Büste Sr. Majestät des Kaisers in der Uniform des Leib-Garde-Husarenregiments.

Am Sockel des im Geschmacke der Renaissance gehaltenen Kunstwerkes war die Widmung eingravirt: „Kaiser Wilhelm dem siegreichen Reiter der österreichisch-ungarischen Armee. Berlin 1892 Wien". Es war der Ehrenpreis, den der Kaiser dem Grafen Starhemberg überreichte.

Weiter wurde der Graf dadurch geehrt, dass er an der Tafel im Muschelsaale den Platz rechts vom Kaiser erhielt; links vom Kaiser sass sein Kamerad Oberlieutenant v. Miklós.

Lieutenant v. Czavossy's braune Stute Exact.

Nach Photographie gezeichnet von E. Köberle.

Von draussen, von der Terrasse, drangen die Töne der Musik, die vom Trompeterchor der Gardes-du-Corps ausgeführt wurde, in den vom funkelnden Gestein und Kerzenpracht blitzenden Muschelsaal.

Von grosser Wirkung auf die Gäste waren die Worte Sr. Maj. des Kaisers. Der hohe Herr begann, sich von seinem Platz erhebend, damit, seiner Freude über die Anwesenheit der österreichischen Herren Ausdruck zu geben, seiner Freude über die Leistungen, durch die sie sich hervorgethan hätten. Dieser friedliche Wettbewerb zwischen den beiden Armeen, fuhr Kaiser Wilhelm fort, habe dargethan, was wir von der österreichischen Armee lernen könnten. In dem Grafen Starhemberg werde ein Name gefeiert, der von Alters her mit der Geschichte der österreichischen Monarchie verknüpft sei. Der Sieg des Grafen erfülle ihn mit um so grösserer Genugthuung, als dieser ein Offizier seines österreichischen Regiments sei — ein Husar. Mit besonderer Wärme gedachte der Kaiser seines hohen Verbündeten, des Kaisers Franz Josef von Oesterreich-Ungarn, dem er besonders dafür zu Dank verpflichtet sei, dass er dieses Unternehmen begünstigt habe.

In die Aufforderung, mit ihm auf das Wohl des Kaisers Franz Josef das Glas zu leeren, schliesse er auch das Wohl auf die österreichische Armee und deren Offiziere ein.

Voller und brausender haben wohl noch selten Hochs diesen Saal durchtönt, als diejenigen es waren, die der Einladung Kaiser Wilhelm's entsprachen, unter den Klängen der österreichischen Volkshymne, die voll und kräftig von den Gardes-du-Corps intonirt wurde.

Unterdessen waren auf Park und Schloss die Dunkel des Abends niedergesunken.

Aus der Tiefe der grossen Allee von Sanssouci heraus blitzte es wie von Sternenlicht. Immer näher und näher kam der glänzende Schein unter den Wirbeln der Trommeln und den rauschenden Marschklängen: der Anmarsch des Zapfenstreiches.

Der Kaiser hob die Tafel auf und trat mit seinen Gästen durch die offenen Glasthüren hinaus auf die Rampe, um die Ankunft der Musikchors vom Parke her zu beobachten und ihren Produktionen zu lauschen.

Lang anhaltender und schwellender Wirbel leitete die Musikproduktion ein. Sämmtliche Musikchors stimmten die österreichische Nationalhymne „Gott erhalte Franz den Kaiser" an, und in Begleitung sämmtlicher Tambours ertönte dann, ebenfalls von sämmtlichen Musikchors ausgeführt, der Radetzky-Marsch, darauf der Pappenheimer Marsch und der österreichische Zapfenstreich.

Die Musikchors der Kavallerie stimmten den grossen Reitermarsch des Grossen Kürfürsten an und bliesen auf Signaltrompeten die Stralsunder Fanfaren. Weiter wurden von allen Musikchors in Begleitung sämmtlicher Tambours der Armeemarsch 113 gespielt.

Zuletzt erfolgte der grosse Zapfenstreich in Wieprecht'scher Bearbeitung, eingeleitet von sämmtlichen Spielleuten, zuerst mit dem Locken zum Zapfenstreich und dann mit den Wirbeln in acht Schlägen. Sämmtliche Musik- und Tambourchors führten den Zapfenstreich aus.

Die Retraite wurde von den Musikchors der Kavallerie geblasen, worauf die Spielleute im Chor zum Gebet einschlugen und das Gebet von sämmtlichen Musikchors gespielt wurde.

Darauf Abschlagen nach dem Gebet, Ruf nach dem Gebet, lang verhallender, an- und abschnellender Wirbel und Abmarsch nach der Parkseite von Sanssouci.

Mit diesem Feste für die österreichischen Distanzreiter hatten die Ehrungen für sie ihren Höhepunkt erhalten.

e) Das Rennen zu Westend.

Eine grosse Schaar von Zuschauern umlagerte den Kaiserhof zu Berlin, um der 12½ Uhr erfolgenden Abfahrt der österreichischen Gäste beizuwohnen. Es war ein stattlicher Zug von Wagen; voran eine elfsitzige prächtige Mailcoach, deren Gespanne Sonnenblumen in schwarzgelben Farben als Rosetten trugen und deren Seiten mit gleichen Blumen geziert, während die Lehnen mit Seidenbändern von gleichen Farben umwickelt waren.

Es folgten sechs offene Vierspänner, die von Postillonen à la Daumant bei schmetterndem Hörnerklang gefahren wurden, dann eine Menge offener Zweispänner, die Postillone vom Bock führten, und den Schluss bildete eine Anzahl Equipagen und Droschken.

Auf die Mailcoach schwang sich als Führer der Rittmeister v. Keszycki, dem sich Oberst v. Kotz von den österreichischen Dragonern zugesellte. Auf der zweiten Bank hatte der Sieger Graf Starhemberg mit dem General v. Krosigk und dem österreichischen Militärbevollmächtigten, Obersten Frhrn. v. Steininger, Platz genommen, während die hinteren sechs Plätze von anderen österreichischen Offizieren besetzt waren.

Tausende und Abertausende aus allen gesellschaftlichen Schichten waren herbeigeeilt, um sich an der grossartigen Ehrung zu betheiligen, und sie Alle waren von dem gleichen Gedanken beseelt, ihre aufrichtigen Sympathien für die befreundete Nation Oesterreich-Ungarns zum Ausdruck zu bringen. So lag denn der Schwerpunkt des Renntages nicht eigentlich in den Rennen selbst, so interessant sich diese auch gestalteten, sondern in der Auffahrt zu denselben, in den Zwischenpausen und in der Rückfahrt.

Von der Abfahrt der sechs Viererzüge vom Kaiserhof an bis zu ihrer Rückkehr in die Stadt war dieser ganze Nachmittag eine ununterbrochene Kette von Ovationen für die österreichisch-ungarischen Offiziere. Am Wilhelmsplatz, in der Friedrichstrasse, Unter den Linden, in Charlottenburg, auf dem ganzen Wege, den die festlich geschmückten Mailcoaches zurücklegten, überall begleitete sie das stürmische Hurrahrufen der Menge und auf der Rennbahn selbst ist wohl noch nie ein zahlreicheres und glänzenderes Publikum versammelt gewesen, als gestern.

Generalmajor v. Podbielski begrüsste in seiner Eigenschaft als zweiter Vorsitzender des Vereins die Herren mit folgender Ansprache: „Ich habe die Ehre, die Herren Offiziere aus Oesterreich-Ungarn im Namen des Vereins zu begrüssen, die von einem anstrengenden Ritte zu uns gekommen sind, um einem anderen friedlichen Wettkampf beizuwohnen. Die Stätte, auf der Sie sich jetzt befinden, meine Herren, ist von deutschen Reiterleuten aus eigener Initiative und mit eigenen Mitteln geschaffen, um einen frischen, fröhlichen Reitergeist zu pflegen. Nochmals willkommen, meine Herren, die Sie so Schneidiges geleistet haben, herzlich willkommen!"

Die Herren nahmen hierauf in der Loge des Vereins Platz, von wo aus sie mit sichtlich lebhaftem Interesse den einzelnen Rennen folgten, die einen ganz aussergewöhnlich spannenden Verlauf nahmen. Ein unbeschreiblich grossartiges und interessantes Lebensbild! Die glänzenden Uniformen, die eleganten Herbsttoiletten der Damen; wessen Auge ist rasch genug gewesen, um alles das zu sehen und zu übersehen? Und als nun gar das Hurrahrufen von der Chaussee her das Herannahen der österreichischen Gäste verkündete, wer beschreibt die ungeheure Bewegung, die da den weiten Platz durchrauschte.

In der That, man muss Augenzeuge gewesen sein, um die Grossartigkeit dieser Augenblicke erfassen zu können. So vermochte denn selbst der glänzende Sieg, den Rittmeister v. Sydow im Haselhorster Jagdrennen auf seiner „Wellgunde" errang, nur kurze Zeit die allgemeine Aufmerksamkeit an das eigentliche Rennen zu fesseln, kaum war das Ziel passirt, so konzentrirte sich das Interesse doch wieder auf die österreichisch-ungarischen Herren, die wohl an hundert Mal photographirt worden sind und deren frisches schneidiges Aussehen nach der gewaltigen Strapaze allgemeine Bewunderung erregte.

Im Mittelpunkte des Interesses stand natürlich Graf S t a r h e m - b e r g, der in kameradschaftlichem Geplauder am Arme des Generals v. R o s e n b e r g die Reihen durchschritt und sich ebenfalls schon wieder vollkommen erholt hatte. Wie auf der Hinfahrt begleitete das Publikum, das bis nach Berlin hinein die Chaussee in dichten Reihen umstand, auch auf der Rückfahrt die österreichischen Offiziere mit stürmischen Huldigungen und so wird der Tag von Westend in der Erinnerung der Herren an Berlin gewiss einen hervorragenden Platz einnehmen.

f) Die Liebesmahle bei dem Gardekürassier- und 2. Dragonerregiment.

Am Abend, nachdem die Rennen in Westend vorüber waren, fanden die L i e b e s m a h l e in Gemeinschaft mit Offizieren des Gardekürassier- und des 2. Gardedragoner-Regiments statt, die ebenfalls einen glänzenden, vor Allem aber auch kameradschaftlich anregenden Verlauf nahmen. Dem Liebesmahl im Kasino des 2. Gardedragonerregiments wohnte auch General v. K r o s i g k bei, der neben dem Major Graf S c h a f f - g o t s c h Platz genommen hatte, während Oberst S t e i n i n g e r an der Seite des Regimentskommandeurs Sr. Durchlaucht Oberst Prinz H e i n r i c h XII. v o n R e u s s plazirt war. Das Kasino, das den Grafen S t a r h e m b e r g zu seinen Gästen zählte, war festlich ge- schmückt und auf der prächtig arrangirten Tafel prangten überall die österreichisch - ungarischen Farben. Nachdem der von der Regimentskapelle gespielte Radetzkymarsch verklungen war, be- grüsste Se. Durchlaucht Prinz R e u s s in einer kernigen Ansprache, in der besonders auf die schneidige Reiterleistung der österreichischen Herren hingewiesen wurde, die Gäste und beschloss seine mit

Begeisterung aufgenommene Rede mit einem Hoch auf Se. Majestät den **Kaiser von Oesterreich und König von Ungarn**, den erlauchten Verbündeten unseres Kaisers. Stehend hörte man im Anschluss hieran die österreichische Nationalhymne an. Das Hoch auf Se. Majestät den Kaiser brachte Oberst v. **Steininger** aus, nachdem er seinen und seiner Kameraden Dank für die gastliche Aufnahme in feurigen Worten zum Ausdruck gebracht hatte. Die deutsche Nationalhymne wurde hierauf ebenfalls stehend angehört. Später erschienen die Theilnehmer an dem Liebesmahl beim Gardekürassierregiment im Kasino der 2. Gardedragoner, um mit den hier anwesenden Herren noch lange im kameradschaftlichen Beisammensein vereint zu bleiben.

XIII.

Die Festlichkeiten in Dresden.

a) Die Galatafel im königlichen Residenzschlosse.

Die Ankunft der deutschen Distanzreiter in Dresden und ihr Empfang am Bahnhofe. — Das Eintreffen der österreichisch-ungarischen Reiter am Berliner Bahnhofe. — Die Theilnehmer an der Galatafel. — Versammlung in den Sälen. — König Albert und seine Begleitung. — Die Galatafel und ihre Ausstattung. — Schätze der Hofsilberkammer und des Grünen Gewölbes. — Menu der königlichen Tafel. — Weinsorten. — Toast des Königs Albert. — Schluss der Tafel.

b) Das Festmahl im Offizierskasino des Gardereiterregiments.

Im Offizierskasino des Gardereiterregiments. — Schmuckgegenstände des Kasinos. — Kaltes Buffet. — Dreihundert Gäste. — Graf Starhemberg vor dem Uhde'schen Gemälde. — Das Eintreffen der königlichen Prinzen und des Königs Albert. — Cercle im Kasino. — Oberstlieutenant v. Broizem's Trinkspruch auf die Gäste. — Der Trinkspruch des Herzogs Ernst Günther von Schleswig-Holstein. — Die Sieger im Brennpunkte der Unterhaltung.

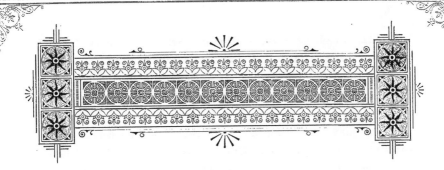

König Albert von Sachsen hatte es sich nicht nehmen lassen, die Herren Distanzreiter zu einem gemeinsamen Ehrenfestmahle zu sich zu befehlen. Die deutschen Distanzreiter kamen mit einstündiger Verspätigung von Wien 9 Uhr 18 Minuten am 13. Oktober vormittags in Dresden an. Auf dem Böhmischen Bahnhofe hatte sich schon $^3/_48$ Uhr ein zahlreiches Publikum eingefunden, welches bis zur Ankunft des Schnellzuges immer mehr zunahm. Zur Begrüssung der ankommenden Offiziere waren auf dem Bahnhofe anwesend: Se. Excellenz der k. und k. österreichisch-ungarische Gesandte am königlich sächsischen Hofe, Graf Chetek, der Stadtkommandant Generalmajor v. Zeschau, der Kommandeur der 3. Kavalleriebrigade Nr. 32, Generalmajor Schultze, der Kommandeur des Gardereiterregiments, Oberst v. Broizem, der Major desselben Regiments, v. Oppen-Huldenberg, der Adjutant Sr. Excellenz des Herrn Kriegsminister, Rittmeister v. d. Busche-Streithorst u. s. w.

Mit dem Zuge traf auch Se. Königl. Hoheit Prinz Friedrich Leopold von Preussen ein, setzte jedoch, der ursprünglichen Bestimmung entgegen, die Fahrt ohne Unterbrechung bis Grossbeeren fort, während Se. Hoheit der Herzog Ernst Günther zu Schleswig-Holstein, zu dessen Empfang der Hofmarschall Sr. Hoheit, Kammerherr Frhr. v. Buddenbrock, der Königl. Preuss. Gesandte, Excellenz Graf v. Dönhoff, geh. Legationsrath Kammerherr Frhr. v. Friesen und der Sr. Hoheit zugetheilte Hauptmann im Generalstabe, Krug

v. Nidda, kommandirt zur 2. Division Nr. 24, auf dem Bahnhofe erschienen, sich bald darauf nach dem königlichen Residenzschlosse begab. Die Offiziere nahmen grössten Theils in Sendigs „Europäischer Hof" Absteigequartier.

In gleicher Weise vollzog sich nach 11 Uhr auf dem Berliner Bahnhof die Begrüssung der von Berlin ankommenden österreichisch-ungarischen Offiziere, welche sich mittels zahlreich bereit gestellter Equipagen, zum Theil auf Umwegen, durch die Stadt nach dem Hôtel „Bellevue" begaben.

An der Galatafel nahmen Theil: Se. Majestät der König, Ihre Königl. Hoheiten Prinz Georg, Prinz Friedrich August, Prinz Johann Georg und Prinz Max, Se. Königl. Hoheit Herzog Ernst Günther zu Schleswig-Holstein, sowie die Herren des königlich grossen und prinzlichen Dienstes. Mit Einladungen waren beehrt worden: die am hiesigen königlichen Hofe beglaubigten Gesandten Preussens, Bayerns und Oesterreichs mit ihren Legationssekretären, der Königl. Sächs. Staatsminister der auswärtigen Angelegenheiten von Metzsch, der Königl. Sächs. Kriegsminister Edler v. d. Planitz, die Mitglieder der Berliner und Wiener Komitees für die Distanzritte mit den Königl. Preuss. Generallieutenants v. Krosigk, v. Rosenberg, dem k. und k. Feldmarschall-Lieutenant Frhrn. v. Gagern, sowie den k. und k. Generalmajors Frhr. v. Bothmer und Ritter v. Bardolo an der Spitze, ferner die an den Distanzritten betheiligt gewesenen österreichischen und deutschen Offiziere mit dem Herzog Ernst Günther zu Schleswig-Holstein, Hoheit, an der Spitze (Se. Königl. Hoheit der Prinz Friedrich Leopold von Preussen war durch Unwohlsein behindert, am Feste Theil zu nehmen), und endlich von sächsischen Offizieren: die Generallieutenants v. Reyher und v. Kirchbach, die Generalmajors Haberland, v. Minckwitz, v. Treitschke, v. Issendorff und Schultze und Andere mehr.

Die Versammlung der Herren Komiteemitglieder und Distanzreiter fand im Ballsaale statt, während sich die übrigen geladenen Gäste im Speisesaale versammelten. Lange Zeit vorher schon hatte sich ein zahlreiches Publikum im Schlosshofe und vor dem königlichen Residenzschlosse eingefunden, um dem interessanten Schauspiele der Auffahrt der fremden Offiziere beizuwohnen.

Am Fusse der Haupttreppe hatten zwei Schlossportiers, auf den Treppen Hoflakaien und am Eingange zur Gallerie in der zweiten Etage und in der Gallerie selbst je zwei Haiducken, letztere in der originellen ungarischen Tracht, Aufstellung genommen, um daselbst zu paradiren.

Kurz nach 4 Uhr erschienen Se. Majestät der König, in der Uniform des Gardereiterregiments, vom grossen Dienst umgeben, sowie Ihre Königl. Hoheiten Prinz Georg, Prinz Johann Georg und Prinz Max mit dem prinzlichen Dienst im Ballsaale. Es erfolgte zunächst die Vorstellung sämmtlicher Herren Distanzreiter, indem Se. Majestät der König und Ihre Königl. Hoheiten die Prinzen die vier Reihen abschritten und dabei die Vorstellungen der k. und k. österreichisch-ungarischen Offiziere durch Graf Chotek, der Königl. preussischen Offiziere durch Graf Dönhoff, der Königl. bayerischen Offiziere durch Frhrn. v. Niethammer. Se. Majestät zeichneten namentlich die ersten Sieger durch huldvolle Ansprachen aus und begrüssten auch die vier sächsischen Offiziere, welche sich am Distanzritte betheiligt hatten. Später erschien Se. Königl. Hoheit Prinz Friedrich August, Höchstwelcher zu Beginn der Vorstellung neben seiner erlauchten Gemahlin, Ihre Kaiserl. und Königl. Hoheit der Prinzessin Luise, auf der Gallerie Platz genommen hatte, um der erlauchten Frau den Vorgang im Saale zu erläutern. Nach Schluss dieser, eine kleine halbe Stunde in Anspruch nehmenden Vorstellung zogen sich die Allerhöchsten und Höchsten Herrschaften für kurze Zeit zurück, während welcher die unterdess durch das Thurmzimmer in den Bankett- und in den Eckparadesaal eingeführten sämmtlichen Gäste plazirt wurden. Nachdem dies vollzogen war, wurde Sr. Majestät dem König durch Se. Excellenz Herrn Oberhofmarschall Grafen Vitzthum v. Eckstädt Meldung erstattet, worauf der Monarch mit den übrigen Fürstlichkeiten, umgeben vom königlich grossen und prinzlichen Dienste, Eintritt durch den Bankettsaal in den Eckparadesaal nahmen. Im Eckparadesaal war eine Tafel zu 70 Kouverts in Hufeisenform hergerichtet, an welcher Se. Majestät der König mit den übrigen durchlauchtigsten Herrschaften und den vornehmsten Gästen Platz nahmen.

Se. Majestät sassen in der Mitte der äusseren Seite dieser Tafel, rechts vom Monarchen: Ihre Königl. Hoheiten Prinz Georg, Prinz Friedrich August und Prinz Max, Königl. Bayer. Gesandter Baron Niethammer, Königl. Sächs. Staatsminister v. Metzsch, Königl. Sächs. Generallieutenant von Kirchbach etc., links vom Monarchen: Se. Königl. Hoheit Herzog Ernst Günther zu Schleswig-Holstein, Se. Königl. Hoheit Prinz Johann Georg, Königl. Preuss. Gesandter Graf Dönhoff, k. und k. österreichisch-ungarischer Gesandter Graf Chetek, Königl. Sächs. Generallieutenant v. Reyher etc., gegenüber vom Monarchen an der inneren Seite der Tafel: Königl. Sächs. Kriegsminister Edler v. d. Planitz, k. und k. Feldmarschall-Lieutenant Frhr. v. Gagern, die Königl. Preuss. Generallieutenants v. Krosigk und v. Rosenberg, Königl. Sächs. General der Kavallerie v. Carlowitz, die Sieger im Distanzritte: k. und k. Oberlieutenant Graf Starhemberg und Königl. Preuss. Premierlieutenant Frhr. v. Reitzenstein etc.

Im Bankettsaale waren zwei lange Paralleltafeln zu je 75 Kouverts aufgestellt, an welchen die jüngeren Herren Offiziere, österreichische, preussische, bayerische und sächsische abwechselnd nebeneinander, Platz genommen hatten.

Die königliche Tafel zählte somit im Ganzen 220 Gedecke. Das Bild, das die illustre Versammlung bot, war bei der Verschiedenartigkeit der vielen fremden Uniformen, namentlich der in solch' grosser Anzahl hier wohl noch nicht gesehenen österreichischen Uniformen, ein sehr farbenreiches und höchst interessantes. Bei dem Charakter des ganzen Festes war natürlich die Kavallerieuniform vorherrschend; man sah nur wenige Uniformen anderer Truppentheile.

Die königliche Hofwirthschafts-Direktion hatte für das Tafel-arrangement die kostbarsten Schätze der königlichen Hofsilberkammer verwendet. Im Eckparadesaale prangte das Goldservice. Sechs grosse goldene Epargnen, viele goldene Schüsseln mit Glocken, Terrinen mit wappenhaltenden Löwen gekrönt, schwere Girandols und sonstige Goldgeschirre, Watteauporzellane und kostbare Blumen-vasen in Rokokostyl zierten die Tafel. In der Mitte derselben stand ein goldener Blumenkorb mit dem entzückendsten, duften-den Blumenarrangement.

Der Bankettsaal zeigte sich im Schmucke von silberner Tafel-dekoration. Die Mitte der einen Tafel zierte die grosse silberne, sogenannte „Polnische Epargne" mit einem Adler, das königlich pol-nische, und einem Löwen, das königlich sächsische Wappen haltend, umgeben von Genien, Blumenwerk und Kaskadellen; die andere Tafel, ein hoher silberner Tafelaufsatz mit der Saxonia und Emblemen der Forst- und Landwirthschaft, des Handels und Gewerbes etc. Letztgenanntes Meisterstück der Silberschmiedekunst ist ein Hoch-zeitsgeschenk der sächsischen Kreisstände an Ihre Königl. Majestäten. Rechts und links an diese werthvollen Prunkstücke schlossen sich die kostbarsten silbernen Kandelaber und Girandols, sowie Terrinen, Schüsseln mit Glocken, Meissner Porzellangeschirr mit rother Drachenmalerei an. Dazwischen boten die geschmackvollen Blumen-dekorationen dem Auge ein abwechselungsreiches, buntfarbiges Bild.

Bei der tausendfachen Kerzenbeleuchtung gewährten die könig-lichen Festräume einen prächtigen Anblick; das Glitzern und Funkeln von Uniformen, Gold- und Silbergeräthen, sowie Krystallglaswerk war herrlich anzusehen. Das reichhaltige Menu, das am Kopfe das in hellgrün geprägte königlich sächsische Majestätswappen zeigte, lautete:

Consommé Ollio.
Croûte de bécasses.
Filets de soles frits, sauce à la Suédoise.
Aloyau à la Portugaise.
Conetons à la d'Albufera.

Salade de homards d'Ostende.
Poulardes, salade et compote.
Plumpouding Saboyon.
Fromage.
Glaces de noir et de fraises.

Dessert.

Zu vorgenannten Speisen wurden folgende Weine servirt:

Spaikling Moselle. — 1868er Steinberger Cabinet. — Château Grand Larose. — St. Estèphe. — Rüdesheimer. — Champ. Eugène Clicquot. — 1746er Tokayer.

Nachdem der Braten und Champagner servirt worden waren, geruhten Se. Majestät der König folgenden Trinkspruch auszubringen:

„Meine Herren! Ich fordere Sie auf, dieses Glas zu leeren auf das Wohl zweier Monarchen, Selbsterhabener Vorbilder eines schneidigen Reitergeistes, welche durch Sie, meine Herren, so vorzügliche Früchte gezeitigt haben. Se. Majestät der Kaiser von Oesterreich und der deutsche Kaiser, sie leben hoch!“

Dieser Toast wurde mit dreimaligen begeisterten Hochrufen der Anwesenden und dreimaligen Fanfaren der Hoftrompeter auf langen silbernen Feldtrompeten und Wirbeln auf silbernen Pauken begleitet.

Die Tafelmusik führten die Kapellen des Königl. Gardereiterregiments und des 1. Königl. Feldartillerieregiments Nr. 12 aus.

Nach 6 Uhr wurde die königliche Tafel aufgehoben. Die Allerhöchsten und Höchsten Herrschaften verfügten sich mit den übrigen Festtheilnehmern in den Ballsaal bez. Stucksaal und hielten daselbst Cercle, während dessen Kaffee und Liqueur servirt wurden. Um ¼8 Uhr war der Cercle beendet; Se. Majestät zogen Allerhöchstsich mit den Fürstlichkeiten zurück und auch die übrigen Herren verliessen die gastlichen Räume des königlichen Residenzschlosses, um sich zu einer kameradschaftlichen Vereinigung im Offizierskasino des Königl. Gardereiterregiments zu begeben.

b) Das Festmahl im Offizierskasino des Gardereiterregiments.

Eine Stunde nach Beendigung der Galatafel im königlichen Residenzschloss, etwa um 8 Uhr, begannen sich die Räume des Offizierskasinos des Gardereiterregiments in der Albertstadt, dem Stadttheile der Militäretablissements, mit den Theilnehmern an der kameradschaftlichen Vereinigung, zu welcher das

Abritt deutscher Offiziere vom Steuerhäuschen auf dem Tempelhofer Felde bei Berlin am 3. Oktober.

Nach einer Originalzeichnung von G. Koch.

Offizierkorps des Regiments ca. 290 Einladungen erlassen hatte, zu füllen. Die Kasinoräume selbst machen einen nicht prunkvoll überladenen, aber äusserst vornehmen Eindruck. Der grosse Raum ist der in lichtem Grau gehaltene Speisesaal, welchen ein überlebensgrosses Gemälde Sr. Majestät des Königs von Leon Pohle als einziger Bilderschmuck ziert.

Geführt von den Offizieren des Gardereiterregiments widmeten die fremden Offiziere ihre Theilnahme namentlich den silbernen Kesselpauken und den 12 silbernen Feldtrompeten, welche einst von dem Regiment erbeutet und demselben vom König Johann als Geschenk überwiesen worden sind.

Auf einer mächtig langen Tafel hatte die Verwaltung des Offizierskasinos ein glänzendes kaltes Buffet errichtet, würdig eines Lucullus; auf dieser Tafel hatte auch das werthvolle, mit Rosen, Veilchen und Levkoyen garnirte Silbergeschirr des Offizierskorps Aufstellung gefunden und vor derselben waren etwa 10 runde Tische mit 6—8 Gedecken aufgestellt, an denen später die Allerhöchsten Herrschaften und die höchsten Offiziere speisten. Die Regimentskapelle konzertirte von dem erhöht gelegenen Podium aus.

Die übrigen Räume, ein Empfangszimmer, ein Konversations-, ein Lese-, ein Rauch-, ein Spielzimmer, nahmen zunächst die ankommenden 300 Gäste auf. Nicht ohne Interesse ist in diesen Räumen der schöne Schmuck der Bilder.

Neben den Bildnissen vieler Mitglieder unseres Kaiser- und unseres Königshauses erblickt man hier die Portraits sämmtlicher Kommandeure des Regiments; besonders hervortretend sind hierbei die Oelgemälde von General-Wachtmeister Ulrich Graf Promnitz (1680—82) und Schelm vom Berge (1813—35).

Als bedeutendstes Kunstwerk ist jedoch das in seinem Entwurf zweifellos höchst glückliche Gemälde „Die Entsetzung Wien's von den Türken" (1683) von Uhde anzusehen, das an Kämpfe gemahnt, an denen das sächsische Reiterregiment bekanntlich ruhmvoll betheiligt war.

Ein eigenthümlicher Zufall hatte es gefügt, dass der erste Sieger der Distanzreiter, Graf Starhemberg, vor das den Reiter-angriff des Kurfürsten Johann Georg III. an der Spitze des jetzigen Gardereiterregiments mit dem Obersten v. Plotho darstellende Ge-mälde geführt werden konnte. Einem Urahnen des heute so viel gefeierten schneidigen Reiteroffiziers, dem Grafen Starhemberg, ist bekanntlich die erfolgreiche Vertheidigung der bedrängten Kaiser-stadt zu danken gewesen.

Kurz nach 8 Uhr zeigten sich die Räume von deutschen und österreichischen Offizieren, vornehmlich der Kavallerie, dicht, aber durchaus nicht überfüllt, so dass auch, als das Speisen an ein-geschobenen kleinen Tischen begann, sich ein höchst behaglicher Verkehr entfalten konnte.

Das ausgezeichnete Arrangement lag speziell in den Händen des Herrn Rittmeisters v. Mangoldt. Vor dem Eintreffen Sr. Majestät des Königs erschienen Ihre Königl. Hoheiten die Prinzen Georg, Friedrich August, Johann Georg und Max und Se. Hoheit Herzog Günther von Schleswig-Holstein. Die königlichen Prinzen trugen die Uniformen wie an der vorangegangenen Hoftafel.

Dem Gefolge Sr. Majestät des Königs, welcher von dem Regimentskommandeur Oberstlieutenant v. Broizem und Major v. Oppen-Huldenberg ehrfurchtsvoll begrüsst und eingeholt wurde, gehörten an: die Excellenzen Generaladjutant Frhr. v. Hodenberg, Oberhofmarschall Graf Vitzthum, Oberkammerherr Graf Vitzthum, Oberstallmeister v. Ehrenstein, Oberhofmeister v. Watzdorf, Zeremonienmeister v. Carlowitz-Hartitzsch und Flügeladjutant Oberstlieutenant Wilsdorff.

Von den Herren Staatsministern waren zugegen Excellenz v. Metzsch und Excellenz Kriegsminister Edler von der Planitz, von den Gesandten die Excellenzen Graf Dönhoff und Graf Chotek, sowie Frhr. v. Niethammer.

Nach einem kurzen Cercle der Allerhöchsten Herrschaften nahmen dieselben mit den höchsten österreichischen und deutschen

Offizieren und den hervorragendsten Siegern im Distanzritt, dem Grafen Starhemberg, Rittmeister v. Reitzenstein und Oberlieutenant v. Miklós, an verschiedenen Tischen im grossen Speisesaal Platz, während sich die übrigen Theilnehmer um kleine Tische in den anderen Räumen gruppirten.

Bald entfaltete sich nunmehr ein durchaus zwangloses Treiben, munter wurden die Angriffe auf die ausgezeichnete Küche und die Getränke immer von Neuem wiederholt und die Privatgespräche kamen in regsten Fluss. Das fröhliche Schmausen wurde durch zwei Ansprachen unterbrochen. Der Regimentskommandeur Oberstlieutenant v. Broizem brachte folgenden Trinkspruch:

„Mit Allerhöchster Zustimmung bitte ich um Erlaubniss, im Namen der Offiziere des Gardereiterregiments unsere Gäste willkommen zu heissen, unserem Dank und unserer Freude Ausdruck zu geben. Haben wir doch das Glück und die Ehre, unseren Allergnädigsten Chef, König und Herrn, die königlichen Prinzen und einen erlauchten Verwandten des kaiserlichen Hauses hier zu begrüssen, ist es uns doch aber auch vergönnt, eine kavalleristisch erlauchte Versammlung von unvergleichlicher Zusammensetzung hier vereinigt zu sehen. In herzlicher Kameradschaft rufen wir unseren deutschen wie unseren österreichisch-ungarischen Gästen, mit welchen beiden uns alte Waffenbrüderschaft verbindet, Willkommen in Sachsen zu, willkommen in Dresden, willkommen an diesem Ort. Möchte es Ihnen hier wohl gefallen, wie wir alle des Tages gedenken werden, wo die grossartige kavalleristische Veranstaltung, welche uns Alle in athemloser Spannung erhalten, und welche so gewaltige Leistungen zu Tage gefördert hat, in diesen Räumen ihren Ausklang genommen hat. Auf das Wohl unserer Gäste aus Nord und Süd. Sie leben hoch!"

In das brausende Hurrah stimmten sämmtliche Anwesende mit Begeisterung ein. Nach wenigen Minuten erhob sich Se. Hoheit Herzog Ernst Günther von Schleswig-Holstein zu folgender Ansprache, welche die Versammlung stehend anhörte.

„Meine österreichischen und deutschen Kameraden! Ich glaube, einen Jeden von uns drängt es zu einem Hoch auf Se. Majestät, durch dessen Gnade wir hier vereinigt sind, zu einem Hoch auf den Monarchen, der gleich geliebt und verehrt in Oesterreich-Ungarn und in allen deutschen Gauen. Ich fordere Sie auf zu einem dreifachen Hurrah: Se. Majestät König Albert, er lebe hoch!"

Mit Begeisterung folgten alle Anwesenden dieser Aufforderung, während die Musik mit schmetternden Fanfaren einfiel. Nachdem das Speisen zu Ende war, wurden die Gespräche bei Champagner, Bier und der Zigarre fortgesetzt. Namentlich bildeten die ersten Sieger die Brennpunkte der Unterhaltung, in welcher dieselben die interessantesten Momente ihres Rittes zum Besten gaben. Die Allerhöchsten Herrschaften beehrten viele Anwesende mit Ansprachen; u. A. wurde Graf Starhemberg von Sr. Majestät dem König in ein sehr langes Gespräch gezogen. Bis nach 10 Uhr schenkten die Allerhöchsten Herrschaften dem prächtigen Fest ihre Gegenwart, ohne dass dasselbe alsdann seinen definitiven Abschluss fand. Ein grosser Theil der Theilnehmer blieb noch bis um Mitternacht vereinigt. Allen wird dieses Fest mit seinem frischen kameradschaftlichen Geiste unvergesslich sein!

XIV.

Unsere Niederlage.

Gesichtspunkte. — Die Gründe für die Niederlage. — Der Werth der Ritte in
militärischer Beziehung.

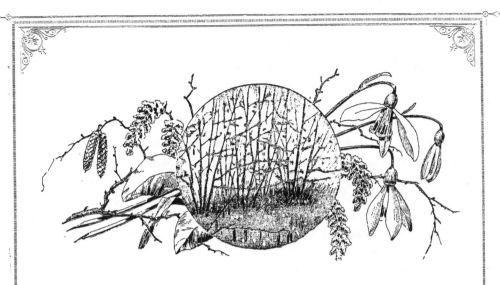

Berlin stand in der vergangenen Woche im Zeichen des Distanzrittes. Abgesehen aber von der Bedeutung, welche das in seinen Dimensionen grossartig gedachte und angelegte Unternehmen für den Sport hatte, sind andere höhere Gesichtspunkte vorhanden, von denen aus der Distanzritt gewürdigt werden muss.

Schon das treffliche Heft: „Die Offizier-Patrouille im Rahmen der strategischen Aufgaben der Kavallerie von Georg v. Kleist, Major im Generalstab, Berlin 1891 bei E. S. Mittler & Sohn, verweist auf den Werth der Distanzritte für die militärische Ausbildung." Es heisst dort:

„Man wird also auch in Zukunft auf die eine oder andere Art selbst durch feindliche Vorpostenstellungen hindurch können, in günstigem Falle auch die Flügel umreiten. Wer die Mühe nicht scheut, auch einmal Tag und Nacht zu reiten, wird noch immer erstaunlich viel vom Feinde sehen und melden können. Dazu gehört nur Freude am Leben im Sattel, die zahlreichen Distanzritte in unseren Tagen sind eine vortreffliche Schule auch für Patrouillenreiter" und weiter: „Es verdient hervorgehoben zu werden, dass der Offizier auch auf die Schnelligkeit der Beförderung seiner Nachrichten grossen Werth zu legen hat."

Die Entfernung zwischen Start und Ziel des Distanzrittes, auf der nächsten, beide Punkte verbindenden Landstrasse gemessen, betrug 571,5 Kilometer. Vom militärischen Standpunkt und mit Rücksicht auf das, was die militärische Praxis im Ernstfall mit sich bringt und bringen kann, würde das Längenmaass, welches in das durch andere Faktoren für diesmal bestimmt wurde, etwas reichlich erscheinen; es ist nicht zu erwarten, dass die Praxis des Krieges einen Ritt von gleicher Länge mit sich bringt. Andererseits würde es das militärische Interesse ungemein steigern, wenn die Bedingungen künftiger Distanzritte noch kriegsgemässer gestaltet würden, also z. B.: Reiten nur von Pferden, die längere Zeit von dem Reiter bereits im Dienst geritten sind; Wegfall aller Vorbereitungen des Weges, des Nachtquartiers u. s. w.; sowie aller Raçemacher und anderer auf Patrouillen im Feindesland nicht vorkommenden Begleitungen zu Stahlross und zu Wagen. Aus der Betonung dieser militärischen Seite würde sich dann von selbst ergeben, dass die Schnelligkeit, welche die kriegsgemässe Beförderung von Nachrichten erfordern würde, auch hier den Massstab für das Tempo einerseits, und für die zulässige Schonung des Pferdematerials andererseits bilden müsste.

Indessen sollen diese Betrachtungen nichts Anderes bezwecken, als Anregung zur Erwägung bei Fortbildung der gewiss zeitgemässen Einrichtung zu bieten, welche vielleicht für Prüfungen im Interesse der Pferdezucht unentbehrlich sein mag, für diejenige Ausdauer und Härte des Materials, die die hervorragendsten Eigenschaften des Kavallerie-Reitpferdes bilden müssen, anscheinend aber keine direkte Gewähr bietet.

Das Resultat des Distanzritts Wien-Berlin und umgekehrt, wie er nun einmal proponirt und von den Theilnehmern acceptirt war, ist eine klipp und klare Niederlage auf unserer Seite.

Lieutenant Haller's braune Stute Fatma.

Nach Photographie gezeichnet von E. Köberle.

Jedenfalls gebührt den Reitern aus Oesterreich-Ungarn für die bewiesene Reitkunst, die im Ganzen wie durch einzelne Leistungen zur Geltung gebrachte hervorragende naturwüchsige Kraftenthaltung und hervorragende Energie die ungetheilte Anerkennung und sympathische Bewunderung, die wir in gleicher Zeit der ungarischen Pferdezucht und ihren Erfolgen zollen müssen.

Ganz unabhängig von diesem rückhaltlosen Bekenntniss des Unterliegens hätten wir aber folgende Bemerkungen zu machen: die Art der Proposition schloss die Möglichkeit einer vollkommen gerechten Prüfung auf gleicher Grundlage aus und zwar aus zwei Gründen:

1. Der Ritt von Berlin nach Wien ist nicht derselbe, wie der von Wien nach Berlin, so lange nicht eine vollkommen vertikale, in ihrer ganzen Länge vollkommen ausgeglichene Bahn von einem Ziel zum andern führt; es ist für das Schlussergebniss ein gewaltiger Unterschied, ob Terrain-Schwierigkeiten von einem noch frischen oder bis an die Grenze der Kräfte mitgenommenen Pferde zu überwinden sind.

2. Der Ritt am dritten und zweiten Tage ist nicht derselbe, wie der am ersten Tage. Witterungsverhältnisse, die zu verschiedenen Zeiten und an verschiedenen Orten verschieden sind, können die verschiedenen Leistungen in verschiedener Weise beeinflussen; moralische Faktoren, die sich aus der den später Startenden nicht abzuschneidenden Kenntniss der Leistungen der Vorreitenden ergeben, thun es bestimmt. Bedenken gegen einen gleichzeitigen oder fast gleichzeitigen Start dürften um so weniger sich rechtfertigen lassen, als das System des absoluten Alleinreitens der Entziehung jeden Führens durch ein anderes Pferd von vornherein fallen gelassen, jedenfalls nicht durchgeführt ist.

Haben aus dem ersterwähnten Punkte vielleicht unsere siegreichen Gegner Nutzen gezogen, so bestimmt unsere Reiter des dritten Tages aus dem zweiten. Sie konnten bereits aus der uns am ersten Tage ertheilten Lehre Nutzen ziehen und das Resultat war ein derartig überraschendes, dass wir dem nächsten Distanzritt getrost mit gutem Muthe entgegen sehen können.

Sehr interessant ist, dass von den deutschen Siegern 4 am ersten, nur 2 am zweiten und 11, darunter die ersten 8, am dritten Tage abgeritten sind. Wären also die ersten geritten, wie die letzten, da man im Allgemeinen berechtigt ist, Gleichheit des Materials vorauszusetzen, so wäre das Resultat wahrscheinlich ein anderes gewesen. Auch bei unserm verehrten Gegner bestätigt das Zahlenverhältniss unsere Ansicht. 9 der Preisträger sind am ersten, dagegen 16 am zweiten Tage abgeritten.

Unter den österreichisch-ungarischen Pferden, die zum Siege geritten sind, überwiegen die Stuten, unter den deutschen die Wallache erheblich; Vollblutpferde befinden sich anscheinend unter den Siegern gar nicht oder nur vereinzelt, Chargenpferde zählen wir zwei, und zwar die Pferde der Lieutenants v. Kronenfeld und v. Kummer.

Wir fügen hier noch ein Urtheil eines höheren Offiziers über den Werth derartiger Ritte bei. Derselbe sagt:

So sehr mich dieser Ritt interessirt hat, muss ich doch sagen, dass es nicht die beste Vorbereitung für unsere Kriegszwecke ist, diese liegt noch auf einem anderen Felde. Die höchsten Leistungen werden wir immer bei Ordonnanz- und Patrouillenritten zu suchen haben.

Ein Offizier auf Patrouille wird selten in Hauptmomenten viel Gebrauch von den Chausseen machen können; reitet er auf solchen Wegen, so stösst er allerdings sicher auf den Feind, er bekommt vielleicht auf 800 bis 1000 Meter Feuer und weiss dann, dass der Ort besetzt ist, mehr aber auch nicht. Will er nun ausser dieser ersten Meldung noch eine genauere bringen, so muss er sich ins Gelände begeben und dem Feinde in die Flanke zu kommen suchen; denn nur von da aus wird er etwas sehen können. Um den Entschluss dazu zu fassen, ist es nothwendig, auf einem Pferde zu sitzen, welches ihn schnell und sicher auf mehrere Kilometer über das schwierigste Terrain hinwegbringt. Ganz ähnlich wird es dem Führer von Kavallerie-Abtheilungen, mögen sie gross oder klein sein, ergehen. Weiss derselbe, dass sowohl er für seine Person als auch die Truppe selbst in schwierigem Gelände nicht recht vorwärts kommen kann, so wird er sich aus diesem Grunde schon abhalten lassen, gegen den Feind überhaupt vorzugehen. Für diesen Zweck nutzt ihm nun das Distanzpferd leider nicht; denn wir haben gesehen, dass zum Distanzritt sogar Wagenpferde benutzt worden sind, die auf Strassen sehr gut, im Terrain dagegen sehr wenig zu gebrauchen sind; es muss ein Pferd sein, welches in Form von Jagden unter ihm im Frieden schon gewohnt war, schwieriges Gelände zu überwinden. Ich bin also der Ansicht, dass wir, ohne dabei gegen Distanzritte sprechen zu wollen, im Frieden mehr auf Jagden als wie auf oben erwähnte Ritte Werth legen müssen, besonders auf Jagden, wie sie in Hannover unter General v. Krosigk geritten worden sind. Was dieser General in dieser Beziehung mit Dienstpferden geleistet hat, war uns bis dahin auch unbekannt, und hat er dadurch für unsere Zwecke einen geradezu grossartigen Nutzen geschaffen.

Es mag nun aber sein wie es will, die Leistungen sämmtlicher Herren auf beiden Seiten, welche angekommen sind, sind unerwartet grossartige. Wer in 100 Stunden 85 deutsche Meilen reitet, hat eine Leistung hinter sich, auf die er stolz sein kann.

Es mag sich erst ein Jeder ein Urtheil nach dieser Richtung hin erlauben, der in seinem Leben ähnliche Ritte gemacht hat. Laien in dieser Beziehung werden gut thun, das Geschehene als Thatsache hinzunehmen, sich aber jeden Tadels über einen spät eingekommenen Reiter zu enthalten.

Wenn sich Herr v. Reitzenstein, wie es jetzt doch unzweifelhaft zu sein scheint, um 7 Meilen verritten hat, mithin 92 Meilen in 73 Stunden und 6 Minuten geritten ist, so ist dies eine Leistung, die wir nur anstaunen, aber kaum beurtheilen können. Im Uebrigen muss man noch hervorheben, dass auf alle am Steuerhaus An-

wesenden das Einkommen der österreichischen Offiziere einen
geradezu überwältigenden und in hohem Grade imponirenden Eindruck machte. Die Pferde waren durchweg überraschend frisch
und sind nur durch die Reiter selbst übertroffen worden; keiner
der Herren machte einen ermatteten Eindruck. Einem Jeden
musste das Herz aufgehen, als er die leichten, strammen, elas-
tischen Figuren mit den schönen jugendlichen Gesichtern, aus
denen Freude strahlte, ankommen sah.

XV.

Spezielles aus einzelnen Ritten.

a) Graf Starhemberg.

Biographisches. — Athos. — Näheres über Athos. — Rekognoszirungsritt. —
Ein zweiter Ritt. — Vor Znaim. — Ankunft am Ziel.

b) Freiherr v. Reitzenstein.

Lippspringe. — Halt in Stöckerau. — Werth des Distanzrittes. — Für und
Wider. — Das Rennen. — Erwägungen und Vorbereitungen.

c) Oberlieutenant Höfer.

Einzelheiten über Minerva. — Schilderung des Rittes. — Sturz bei Bautzen. —
Am Namenstag Höfer's. — Auf dem Tempelhofer Felde.

Prinz Friedrich Leopold's Fuchswallach Taurus.

Nach Photographie gezeichnet von E Köberle.

a) Graf Starhemberg.

raf Starhemberg ist ein Sprössling jener Adelsfamilie, deren Ahnherr vor mehr als 200 Jahren dem bedrängten Wien Entsatz gegen die Türken brachte und der daher der „Türkenbefreier" genannt wurde. Sein Name hat als Reiter im Nachbarlande einen guten Klang und unter den im Verhältniss zu Deutschland wenig zahlreichen Herrenreitern daselbst ist er der Besten einer. Auch eine Berliner Rennbahn, die zu Charlottenburg nämlich, hat ihn bereits im Sattel gesehen, und zwar war es im Jahre 1890, wo er auf den Höhen von Westend am 12. November im Barometer-Jagdrennen Graf R. F. Kinsky's „Alphabet" in einem Felde von 12 Pferden hinter „Androcles" und „Priorig Boad" auf den dritten Platz steuerte.

In Oesterreich-Ungarn hat er im Jahre 1892 37 Mal geritten und 6 Siege und 13 zweite Plätze errungen, während sich seine früheren Leistungen auf der Rennbahn wie folgt stellen: 1891 31 Ritte, 4 Siege, 12 zweite Plätze, 1890 30:4:12, 1889 22:5:7, 1888 15:4:2 und 1887 6:1:3. Es war letzteres das erste Jahr seiner Thätigkeit auf dem Turf, wo ihm allerdings ein Erfolg in der Wiener Armee-Steeple-Chase bisher noch nicht zu Theil geworden ist, während sein Bruder Graf E r n s t die unserem grossen Armee-Jagdrennen zu Hoppegarten entsprechende Konkurrenz 1886 gewann.

Graf W. Starhemberg vollbrachte die glänzende Distanzritt-leistung nicht mit einem eigenen Pferde, sondern hatte den neun-jährigen schwarzbraunen Wallach „Athos von Mars", ein im Gestüt des Grafen Forgay gezogenes Halbblutpferd, unter sich, das Eigen-thum des Rittmeisters v. Baczak von den 10. Husaren ist. Der erfolgreiche Reiter selbst gehört als einer der jüngeren Ober-lieutenants dem 7. Husarenregiment an, das in Kecskemet in Ungarn garnisonirt und dessen Chef bereits seit dem Jahre 1885, als er noch Prinz war, Kaiser Wilhelm II. ist, nachdem es von 1864 bis zu seinem Tode Prinz Friedrich Karl von Preussen gewesen war.

Ueber das Pferd des Grafen Starhemberg und seinen Ritt schrieb derselbe in der „Neuen Freien Presse":

„Athos", ein Sohn des Vollbluthengstes „Mars", aus einer edlen Halbblutstute, erblickte das Licht der Welt in dem Graf Forgach'schen Gestüte zu Mandok in Ungarn. Er ging vierjährig in den Besitz des bekannten Sportsmann Baron Dewitz über und wurde von diesem für Hinderniss-Rennen bestimmt. „Athos" ver-weigerte indes hartnäckig die Arbeit sowohl, wie das Nehmen von Hindernissen und setzte es durch, dass er nie am Ziel anlangte. Nachdem vergeblich versucht worden war, ihn durch unglaublich lange und scharfe Galopps quer durch das Terrain soweit zu ermüden, dass er für die von ihm verlangten Leistungen gefügiger würde, kaufte ihn der als Reiter bekannte Rittmeister v. Bacsak von den österreichisch-ungarischen 7. Husaren und machte aus dem widerspenstigen Thiere mit grosser Mühe schliesslich ein verlässliches Frontpferd und ein vorzügliches Gebrauchspferd. Graf Starhemberg, dessen Vorgesetzter damals Rittmeister v. Bacsak war, hatte Ge-legenheit, den „Athos" zu Schleppjagden u. dergl. öfters zu reiten und seine vorzüglichen Eigenschaften als ausdauerndes, hartes Pferd kennen zu lernen. „Athos" wurde dem Grafen Starhemberg, sobald das Distanzritt-Projekt auftauchte, von seinem Besitzer zur Ver-fügung gestellt und erfüllte, wie bekannt, die in ihn gesetzten Hoffnungen glänzend. Als Vorbereitung diente ein Rekognoszirungs-

188

ritt mit „Athos" nach Berlin, welcher in 7 Tagen zurückgelegt würde, täglich 75 bis 85 Kilometer in je 7 bis 8 Stunden, nur die letzte Strecke von 150 Kilometer in forcirtem Ritt in 11 Stunden.

Das Pferd kam ganz frisch in Berlin an, die starken Pantoffeleisen aus Gussstahl ohne Stollen, welche im k. k. Militär-Reitlehrer-Institut aufgelegt waren, zeigten eine kaum bemerkbare Abnutzung und war nach einem Ritt von 580 Kilometer auf harter steiniger Strasse kein Nagel an ihnen gelockert.

Nachdem der Reiter auf einem zweiten Ritte mit untergelegten Pferden bis an die deutsche Grenze sich von seiner eigenen Leistungsfähigkeit dadurch überzeugt hatte, dass er 330 Kilometer in 36 Stunden überwand, stellte er für den Konkurrenzritt ein ganz genaues Programm nach Stunden und Minuten auf, das er auch bis auf $1\frac{1}{2}$ Stunden, welche Zeit er abgeirrt vom Wege zubrachte, genau innehielt. Das Programm lautete: Berlin soll erreicht werden in 3 Tagen weniger 2 Stunden, dazu ist nöthig: Reisetrab wie bei der Truppe von 260 bis 280 Schritt in der Minute; bis Weisswasser bergab absitzen und das Pferd im Schritt und Trab am Zügel führen; auf schlecht gepflasterten Ortsstrassen ebenfalls absitzen; die erste Hälfte des Weges schonend, die zweite schärfer reiten. Rasten und Nachtstationen sollten gehalten werden: in Znaim 1 Stunde Rast, Iglau 4 Stunden Nachtruhe, Kolin 1 Stunde Rast, Weisswasser 3 Stunden Nachtruhe, Georgswalde $\frac{3}{4}$ Stunden Rast und Senftenberg 2 Stunden Mittagsruhe.

Graf Starhemberg startete nach dem Loose als letzter aller österreichischen Reiter am 2. Oktober früh 7 Uhr 25 Minuten.

Sein erstes Hinderniss bestand kurz vor Znaim in einer Kette schöner Damen, welche ihm den Weg versperrten und ihn mit einem Imbiss labten, was eine Viertelstunde der kostbaren Zeit in Anspruch nahm.

Das Futter des „Athos" bestand in angenetztem Heu, Wasser, Wiener Hafer gemengt mit zwei rohen Hühnereiern. Bei der Ankunft wurde er mit lauwarmem Wasser abgewaschen und mit

Leinwandtüchern abgetrocknet, mit Fluid frottirt, die Hufe ein-
gefettet und alle vier Füsse bandagirt, und zwar alles thunlichst
schnell, damit das Thier möglichst lange Ruhe hatte. Der Sattel,
ein dem Rücken vollkommen angepasster Jagdsattel, wurde ab-
genommen und die als Sattelunterlage dienende vierfach zusammen-
gelegte weiche Decke mit einer trockenen vertauscht.

Beim Aufbruch wurden die Fesseln mit Fett eingerieben.

Bis Kolin verlief Alles normal. Beim Abreiten von dort
schonte das Pferd auf dem rechten Hinterfuss, obwohl keine Verletzung oder Geschwulst zu finden war; nur eine kleine Verdickung
am Sprunggelenk war sichtbar. Obgleich „Athos" in der gewünschten
Zeit das Ziel trotz zeitweiligen Lahmens erreichen konnte, so war
dieser unaufgeklärte, ihm in Kolin zugestossene Unfall doch die
Ursache seines späteren Todes durch Starrkrampf.

Das Programm wurde weiter genau innegehalten bis Baruth,
welches Graf Starhemberg umreiten wollte, um dem Pferde das
Laufen über das Steinpflaster zu ersparen. Er verfehlte hinter dem
Ort den richtigen Weg und verritt sich um mindestens 1 Stunde.
Diese Zeit ging nicht mehr einzubringen. Das Programm wurde
um 1 Stunde 26 Minuten überschritten und langte der Reiter am
Morgen des 5. Oktober um 7 Uhr auf dem Tempelhofer Felde an,
das er im Galopp passirte, um am Steuerhause von dem Jubel der
Menge und der kameradschaftlichen Begrüssung des Komitees
empfangen zu werden, ein Moment, welchen der Sieger als den
schönsten seines bisherigen Lebens darstellt.

b) Frhr. v. Reitzenstein.

Wie bekannt, erwarb Frhr. v. Reitzenstein in Gent eine englische Vollblutstute, welche er nach seinem letzten Manöverquartier
„Lippspringe" taufte. Er schilderte sie als den Typus eines Voll-
blutpferdes: die Beine trocken und klar, die Sprunggelenke wunder-

bar geschient, Fesseln und Hufe tadellos. Die Stute fand sich im englischen Stud-Brook eingetragen unter dem Namen „Rotation", br. St., geb. 1882 von Siderolite a. d. Gyration. Sie war im Besitz eines englischen Offiziers und wurde vor 3 Jahren im Tattersall zu London nach Belgien verkauft. Diese Mittheilung Reitzenstein's ist nicht gleich nach Gebühr gewürdigt worden, obwohl sie eine unerwartete Hilfe für die Ehrenrettung des Vollbluts brachte und aller Erörterungen grauer Theoretiker den Boden entzog, da ihr zufolge nun auch das Pferd des zweiten Siegers — gleich dem vornehm gezogenen „Athos" — dem Vollblut angehört.

In höchst lebendiger Darstellung erzählt Reitzenstein den Verlauf, die Schwierigkeiten und mancherlei Unfälle seines erfolgreichen Rittes. Bekannt ist, dass er nur durch Verfehlen des geraden Weges des besten Rekords verlustig wurde und sich mit dem Platz hinter Starhenberg begnügen musste.

„Um 7,45 Uhr Vormittags erreichte ich", erzählt R., „Stöckerau. Ich machte Halt, gab der Stute verschlagenes Wasser und das letzte Stück Brod in Cognac getränkt; dann löste ich schweren Herzens die Sporen vom Sattel, schnallte sie an und sass auf. Die Stute war durch die kurze Rast schon steif geworden. Es schien mir unmöglich, in diesem Zustande noch 20 Kilometer zurückzulegen. Schliesslich brachte ich sie in Gang und trabte durch bis Korneuburg. Hier erfuhr ich von dem Rekord des Grafen Starhemberg. Ich stieg ab, um die Stute zu schonen, sie fing an zu schwanken, sie war todmüde; sobald sie zum Stehen und zur Ruhe kam, musste sie umfallen. Ich sprang herauf, brachte sie in Trab, zum ersten Male während des ganzen Rittes die Sporen gebrauchend, um die Stute zusammenzuhalten, und ritt die letzten 11 Kilometer das Pferd ohne Peitsche nach Floridsdorf. Nur das edle Blut und der Nerv des Pferdes entschieden hier. Ein gemeines Pferd würde, seinem Selbsterhaltungstriebe folgend, stehen geblieben sein, es wäre passiv geworden und keine Macht der Erde hätte es vorwärts bewegt. Aber nicht wie ein nasses

Segel, sondern mit erhobenem Kopfe und festen Tritten kam die brave Stute durch's Ziel. Drei Minuten nach Passiren des letzteren legte sich „Lippspringe" erschöpft auf die Strasse." Am Schlusse seiner sehr frisch geschriebenen lesenswerthen Darstellung äussert sich Frhr. v. Reitzenstein über den Werth des Distanzrittes in folgenden beachtlichen Hauptsätzen: „Ein sportliches Ereigniss sollte der Ritt nicht sein, aber ein militärisches ersten Ranges, und das ist er gewesen. Bislang hatte man über die Leistungsfähigkeit von Pferd und Reiter ganz andere Ansichten; man ahnte nicht, welch' erstaunliches Ergebniss das harmonische Zusammenwirken von Reiter und Pferd, die Spannung und doch völlige Ausnutzung der Kräfte schaffen würde. Die Waffe des Kavalleristen ist in erster Linie das Pferd. Ein Soldat, der sich über die Leistungsfähigkeit seiner Waffe nicht klar ist, wird sie nie voll ausnutzen. Die Prüfung des Pferdes im Dauerritt war ein militärisches Bedürfniss. War die Prüfung ernst gemeint, so musste man das Aeusserste verlangen. Verluste waren in diesem Falle nicht zu vermeiden. Der Distanzritt hat gezeigt, was Mann und Pferd unter Aufbietung aller Kräfte zu leisten im Stande sind und worüber hinaus man ohne Gefahr nicht gehen kann. Wenn die von sämmtlichen Herren geforderten Berichte verarbeitet sind, wird es sich zeigen, inwieweit die gemachten Erfahrungen militärisch verwendbar sind. Der Soldat soll seine Waffe in brauchbarem Zustande erhalten; das ist seine vornehmlichste Pflicht, er darf sich aber auch nicht scheuen, sie rücksichtslos einzusetzen, wenn die Verhältnisse es fordern. Der Offizier auf Patrouille reitet schonend wie der Distanzreiter, solange er mit dem Feinde nicht in Berührung ist, er weiss ja nicht, wie weit ihn der Weg führt und welche Leistung er noch zu bestehen hat. Tritt er aber in Berührung mit dem Feinde, dann darf er sich nicht scheuen, zur Erreichung seines Zweckes sein Pferd rücksichtslos einzusetzen; der Verlust desselben gereicht in diesem Falle nicht zur Schande. Wie sich die Verhältnisse in einem Zukunftskriege gestalten werden, welche Anforderungen an die Kavallerie und namentlich an einzelne Offiziere herantreten, lässt sich nicht berechnen. Von unschätzbarem Werthe aber ist es nunmehr, zu wissen, dass Pferde drei Tage und drei Nächte ohne sonderliche Ruhe, und ohne viel Futter zu sich zu nehmen, unterwegs bleiben können. Die Früchte des Distanzrittes wird erst die Wirklichkeit, der Krieg, zeitigen, dann wird man sehen, ob der Nutzen den gebrachten Opfern entspricht. Ich glaube, dass das Selbstvertrauen jeden Reiters angesichts dieser Leistungen bedeutend gestiegen ist. Jeder wird sich und seinem Pferde im Ernstfalle weit grössere Leistungen zumuthen, als sie die Geschichte aufzuweisen hat. Die Anforderungen in Bezug auf Aufklärung und Verfolgung werden ganz andere sein, als man sie nach den bisherigen Erfahrungen für möglich gehalten hat. Abgesehen von dem allgemeinen militärischen Nutzen dürfte der Distanzritt ganz besonders für jeden einzelnen Reiter in moralischer Beziehung von unschätzbarem Werthe gewesen sein. Die körperlichen Anstrengungen der Friedenszeit sind namentlich für den berittenen Offizier gewöhnlich nicht derart, dass es einer besonderen Willenskraft bedarf, um seine Pflicht voll und ganz zu thun. Wenigen nur ist es vergönnt, die beste Schule in dieser Beziehung, nämlich die des Steeplechasereitens, durchzumachen. Die meisten Rennen durch den Willen gewonnen. Der Distanzritt aber bot jedem Gelegenheit, seinen Willen zu üben. Fast jeder hat mit Friktionen aller Art zu kämpfen gehabt, und mancher, der mit einem schlechteren Rekord angekommen ist, hat vielleicht grössere Anstrengungen zu erdulden gehabt und ist von nicht geringerer Energie und Willenskraft beseelt gewesen als die Sieger.

Einen weiteren Beitrag zur gerechten Beurtheilung der Ergebnisse dieses Wettkampfes findet man in der kürzlich erschienenen Schrift „Mein Distanzritt Berlin—Wien" vom Rittmeister Frhrn. v. Reitzenstein (Berlin, E. S. Mittler & Sohn). Die Broschüre des genannten siegreichen Theilnehmers an der Konkurrenz giebt den von Reitzenstein in der Militärischen Gesellschaft zu Berlin am 7. Dezember 1892 gehaltenen Vortrag wieder.

Der Verfasser bemerkt zunächst über die Auffassung der Distanz-proposition: „Es wird vielfach getadelt, die Proposition habe den militärischen Verhältnissen nicht genügend Rechnung getragen. Erörterungen über das „Für" und „Wider" von Seiten der Betheiligten nach stattgefundener Entscheidung sind aber zwecklos. Niemand ist gezwungen, den Kampf aufzunehmen, der ihm ungleichmässig erscheint oder welchen mit Erfolg durchzuführen er sich nicht gewachsen fühlt. Das Reugeld entbindet ihn von jeder Verpflichtung. Ich leugne nicht, dass auch mich die Frage bewegt hat, soll ich unterschreiben oder nicht. Von dem Standpunkte des Rennreiters aus sagte ich mir: „nein". Ein guter Reiter nimmt nie mehr aus seinem Pferde heraus, als er zum Siege braucht; er kennt die Leistungs-fähigkeit seines Pferdes, seine eigene Kraft, er sieht und beurtheilt seine Gegner während des Rennens, er überschätzt oder unterschätzt sie und ändert blitzschnell im entscheidenden Augenblick seine Taktik zu reiten und siegt, wenn auch nur um einen Kopf.

Ein Rennen über eine Entfernung von etwa 600 Kilometern aufzunehmen, eine Entfernung, über welche man die eigenen und des Pferdes Kräfte vorher nicht ausprobiren kann, besonders aber gegen Reiter zu kämpfen, die man nicht sieht, ist sportlich un-möglich. Jeder müsste in solchem Falle sein Pferd auf Tod und Leben ausreiten, er siegt mit ungezählten Längen, wo er nur um einen Kopf zu siegen brauchte, er opfert unter Umständen sein Pferd, obgleich er nicht mehr gewinnen kann. In einem ganz anderen Lichte erscheint die Preposition vom militärischen Standpunkte aus betrachtet. Hier giebt es nicht ein Rennen zu reiten, um zu zeigen, dass das eine Pferd besser ist als das andere, sondern es wird von den Vertretern zweier verbündeter Armeen verlangt, zu beweisen, was Reiter und Pferd mit Auf-bietung aller Kräfte zu leisten im Stande sind. Nur in diesem Sinne wurde die Allerhöchste Genehmigung zu dem grossartigen Wettkampfe gegeben, nur so konnte und musste die Preposition aufgefasst werden.

„Das Schwierigste war die Anschaffung eines geeigneten Pferdes. Ich war und bin auch heute noch der Ansicht, dass dieses nur unter dem Vollblut oder hochgezogenen Halbblut zu suchen ist. Nur diese geben alles willig her bis zum letzten Athemzuge und wenn die Kräfte nachlassen, dann ist es nur das edle Blut, welches sie zu den höchsten Anstrengungen befähigt. Dafür haben meine Stute und viele hochgezogene ungarische Pferde den Beweis geliefert. Gute Vollblutpferde dienen zum grössten Theil als Luxuspferde oder zu Rennzwecken, sie sind an sehr gute Pflege gewöhnt, gehen vorzugsweise auf weichem Boden und sind nicht genügend abgehärtet. Für einen Distanzritt müsste man das Vollblut erst zum Soldaten- oder Arbeitspferde machen und es würde bei Weitem widerstandsfähiger und leistungsfähiger sein als jedes andere Pferd. Besser eignete sich schon ein Vollblut, welches als Jagdpferd dient. Gute Jagdpferde sind aber selten und wer eins hat, verkauft es nicht um einen kleinen Preis“.

o) Oberlieutenant Höfer.

Der Vierte, welcher den Siegespfosten in Berlin passirte, war der Oberlieutenant Höfer vom Dragonerregiment Kaiser Franz Josef Nr. 12.

Derselbe erzielte den sehr guten Rekord von 74 St. 42 Min. Höfer, der schon vor dem Distanzritt ausserordentliche Leistungen im Distanzgehen, -Laufen, -Zweiradfahren u. s. w. aufzuweisen hatte, bediente sich für den Ritt der achtjährigen Grauschimmelstute „Minerva“ (engl. Halbblut, v. Csibo a. d. Maesi), die er auf dem Lemberger Sommermeeting erstanden und besonders im freiwilligen Nachlaufen derart dressirt hatte, dass sie wie ein Hund ihm überall hin nachging. Letzterer Erfolg entsprach seiner Absicht nach jedem längeren Ritt, das Pferd zu Fuss im Schritt und Laufschritt an der Hand zu führen. Da er schon zum Schlusse der Trainings bedeutende Leistungen mit dem Pferde zu Stande brachte, so dass er einige Tage 120 Kilometer in 9 Stunden ohne Unterbrechung ritt und das Pferd keine wesentliche Ermüdung zeigte, er selbst aber auf seine Zähigkeit baute, so fasste er den festen Entschluss, den Ritt kontinuirlich von Wien bis nach Berlin ohne jede Nachtruhe zu absolviren. Mit der Absicht, täglich 30 Meilen zurückzulegen, hoffte er der gestellten Aufgabe in 62 Stunden gerecht zu werden. Am 2. Oktober startete Lieutenant Höfer. In Gross-Mugl bekam „Minerva" die ersten zwei Liter Bier. Dieses Bier zieht sich, um mit Wippchen zu reden, wie ein rother Faden durch die Distanzritt-Erlebnisse der Stute. Sie war eine „Wenigschläferin", eine starke Fresserin, die trotz aller Strapazen niemals an Appetitlosigkeit litt, aber ihre bemerkenswertheste Eigenschaft war ihre ausserordentliche Vorliebe für ein gutes Krügel Bier. . . . Die Strecke von Iglau bis Deutschbrod passirte Höfer in der Nacht zum 3. Oktober. Seine Schilderung dieses Rittes wird die Leser interessiren.

„Es ist stockfinstere Mitternacht. Nicht lange kann ich zu Pferd bleiben. Es ist so finster, dass ich die eigene Faust vor den Augen nicht zu sehen vermag; dann geht ein so starker, mir von einem eisigkalten Wind ins Gesicht gepeitschter Regen nieder, dass ich kaum im Stande bin, die Augen offen zu erhalten. Die Baumreihen längs der Strasse verfinstern dieselbe noch mehr und die Strasse scheint mir wie ein Fusssteig schmal zu sein. Nun reite ich Tritt für Tritt im kurzen Trab, bald komme ich zu viel nach rechts, bald nach links, hier und da stosse ich an einen Baum, oder es wird mir die Mütze von einem herabhängenden Aste vom Kopfe heruntergestreift. Jetzt renne ich an einen Schotterhaufen an, dann parire ich selber, um vor einem Baume oder Schotterhaufen auszuweichen, welche Gegenstände meine durch die Ueberanstrengung ermüdeten Augen zu sehen vermeinen. Jch starre so lange in die Finsterniss hinein, bis das Augenflimmern eintritt und die Augen geschwächt ihren Dienst versagen. Endlich komme ich auf eine Orientirungsmethode, die mir hier doch etwas hilft, um vorwärts zu gelangen, indem ich den Kopf gegen den Himmel hebe und so einen durchschimmernden weissen Streifen zwischen den Kronen der beiden Baumreihen sehe, welcher mir die genaue Direktion und die Mitte der Strasse zeigt. So reite ich eine Zeit lang weiter, die Zügel bald in der rechten, bald in der linken Hand haltend, um die freigewordene, von Kälte erstarrte Hand zu wärmen. Aber wie und wo? In der Hosentasche ist es ebenfalls so nass und kalt, wie ausserhalb derselben, und ein anderes Wärmemittel steht mir nicht zur Verfügung. Nun wird die flache Hand an der entblössten Brust halbwegs erwärmt und nach einer Weile kommt die andere an die Reihe. Hierdurch wird aber der ganze Körper erkältet, ich beginne zu fiebern, im Genick werde ich vom Emporhalten des Kopfes ganz steif, ich kann es vor Schmerz nicht länger aushalten und es bleibt mir jetzt nichts anderes übrig, als abzusitzen und den Marsch zu Fuss weiter fortzusetzen. Ich beginne zu laufen, um Wärme und Leben in meinen Körper zu bringen. Jetzt sehe ich den Weg doch besser, aber wie es mir beim Laufen geht? Grässlich! Die Strasse ist vom Regen aufgeweicht und schlüpfrig, der Fuss rutscht rechts und links, ich habe wenig Halt und stolpere sehr oft. „Minerva" erkennt die Lage um was es sich hier handelt, sie läuft mir ganz anstandslos und willig nach, ohne jemals zu straucheln. Endlich, um $^3/_4$3 Uhr Nachts, erreichte ich Deutschbrod".

Von da ging es weiter nach Czaslau, nach Kolin, wo der Oesterreicher die zwei ersten deutschen Offiziere, den Prinzen Leopold von Preussen und dessen Begleiter traf, sodann über Nienburg, Niemes, Neuhütte nach Bautzen. Nach Höfer's Plan war die zweite Nacht die letzte seines Rittes, am nächsten Tage wollte er Berlin erreichen, aber hier traf ihn ein Unfall, der seine ausserordentliche Chance vernichtete. „Minerva" stürzte und begrub ihren Reiter unter sich. Erst nach langer Bemühung konnte sich der Letztere aus der schlimmen Lage befreien und nach einer weiteren Pause sein Pferd wieder auf die Beine bringen. Die Stute hatte sich am rechten Vorderfuss verletzt. Mit grosser Noth führte er sie zu einer Hütte auf der Strasse und stellte sie bei Tagesanbruch in einen unweit des Gebäudes fliessenden Bach, um die entdeckte Prellung am rechten Huf (das Pferd hatte an einen Stein angeschlagen) zu heilen. In dieser Situation überholte ihn Graf Starhemberg auf „Athos" und nach diesem zogen noch weitere 16 Reiter an ihm vorüber, indess nur 9 vom zweiten, alle übrigen ungefährliche Gegner vom ersten Starttage.

So begann der 4. Oktober, der Namenstag Höfer's. Endlich war „Minerva" wieder in Ordnung und nach einem Verlust von 8 Stunden wurde der Ritt fortgesetzt. Nach Passirung der Grenze kam der ideale Reiterboden, der wunderbare, neben der Strasse bis nach Berlin führende Reitweg. Hinter Baruth verritt er sich, und als er dann sah, dass er Starhemberg doch nicht einholen könne, glaubte er, dass ihm der zweite Platz sicher sei und arbeitete nun auf den Konditionspreis hin, indem er unmittelbar vor dem Ziel mit noch ganz marschfähigem Pferde eine dreistündige Rast hielt.

In Rennpace ging dann am dritten Tage um 8 Uhr 47 Minuten „Minerva" durch das Spalier der Menschenmenge auf dem Tempelhofer Felde am Richterhäuschen vorbei. Höfer erhielt den vierten Preis, denn vor ihm war noch Lieutenant Miklós eingetroffen.

Inhalts-Verzeichniss.

Kunstdruckerei „Union", Herzog & Schwinge, Dresden, Dürerstrasse 113.

CPSIA information can be obtained
at www.ICGtesting.com
Printed in the USA
BVHW04*1420030818
523478BV00007B/73/P

9 780666 777782